Endlich Erfrischung

SÜD BAYERISCHE SEEN

44 WANDERTOUREN ZUM ABKÜHLEN

SÜDBAYERISCHE SEEN

SEEN

44 Wandertouren

Endlich Erfrischung

Inhalt

Tourenübersicht

Übersichtskarte

Endlich...geht es los!

Packliste

Verhaltenskodex

Grundwissen

Touren 1– 44

Unsere Wander-Hacks

Endlich was Neues ausprobieren

Von Vorteil für Mensch & Natur

Impressum

Dein Augenblick Deutschland   Dein Augenblick Die Alpen

Wer wir sind

Wegweisend: der KOMPASS-Verlag

KOMPASS-Produkte sind für Entdecker, Abenteurer und Menschen mit Tatendrang. Ob spontan aufbrechen oder mit einem klaren Ziel vor Augen, ankommen will jeder und jede. Dafür machen wir seit 1953 Outdoor-Produkte.

Tourenübersicht

TOUREN 1–11

TOUREN 12–22

Tourenübersicht

TOUREN 23–33

TOUREN 34–44

Unser Highlight

Endlich ...

geht es los!

Was könnte schöner sein, als endlich Erfrischung? Jetzt heißt es raus aus dem Alltag und rein in die Wanderklamotten! Wir haben die schönsten Touren zusammengestellt und zeigen dir die wunderbaren Seen im Bayerischen Voralpenland. Wir nehmen dich mit zu den großen Seen: Dem Chiemsee, Starnberger See und dem Ammersee. Zeigen dir die Juwelen der Bayerischen Alpen: Den Königssee, Eibsee und Walchensee. Und überraschen dich mit unbekannten Schönheiten, wie den Flusstouren an der Iller oder der 5-Seen-Runde in Seeg.

Die großen Seen im Alpenvorland sind Zeugen einer längst vergangenen Zeit und waren einst von den Eismassen der Gletscher bedeckt. Beim Abschmelzen bildeten sich die Seen aus, die durch Seiten- und Endmoränen begrenzt wurden. Wie auch die großen Seen, entstanden die Bergseen am Ende der Würm-Eiszeit vor ca. 11.000 Jahren. Neu ausgebildete Senken füllten sich mit Wasser, wodurch die kristallklaren Seen sich bildeten.

Endlich Erfrischung Südbayerische Seen wartet mit einer beeindruckenden Reihe an Seen auf, die sich wunderbar im Rahmen von idyllischen Tageswanderungen erkunden lassen. Ob kurze Familienwanderung mit anschließender Badefreude am Windachspeicher, eine fordernde 6-Stunden-Tour am Königssee oder einer 2-Gipfel-Tour am Weitsee in den Chiemgauer Alpen – wir haben die schönsten Touren zu den idyllischsten Berg- und Voralpenseen in diesem Buch zusammengetragen und wünschen dir viele unvergessliche, erfrischende Wandererlebnisse!

Endlich alle
7 Sachen zusammen

Deine Packliste

MATERIALCHECK

Wandern ist nicht gleich wandern. Ob im hochalpinen Gelände oder über weite Heidelandschaften, einige Dinge brauchst du trotzdem für jede Tour. Wir haben euch hier die wichtigsten Materialien zusammengetragen, die ihr für eine unvergessliche Seewanderung benötigt:

○ Wanderschuhe

○ Handy (für den Notruf)

○ Funktionsbekleidung

○ Wechselkleidung

○ Wasser (mind. 1,5 Liter!)

○ Proviant

○ Erste-Hilfe Set

○ Kompass oder Karte

Neben der Standardausrüstung zum Wandern brauchst du für unsere See-touren noch folgende Dinge, damit du perfekt vorbereitet bist für das erfrischende Erlebnis:

○ Badesachen (falls Baden erlaubt)

○ Sonnencrème

○ Handtuch/Decke

○ Fotoapparat

Endlich gern gesehen

Verhaltenskodex

WANDERN

Wandern liegt voll im Trend! Immer mehr Menschen lassen sich von der Faszination des Bergsports in den Bann ziehen, kehren dem Städtealltag den Rücken zu und suchen fernab von Stress und Hektik mehr Ruhe, Ausgleich und Bewegung in den Bergen. Doch je mehr wir im alpinen Raum unterwegs sind, desto mehr Schaden trägt die Natur davon – außer, wir gehen sanft mit der sensiblen Umgebung in höheren Lagen um und versuchen, möglichst viele Aspekte rund um eine Bergtour nachhaltig zu gestalten. Zum Glück ist umweltfreundliches Wandern mit Respekt vor der Natur und vor der Tier- und Pflanzenwelt nicht allzu schwer. Um im Einklang mit der Umgebung unterwegs zu sein, haben wir wichtige Tipps und einfache Grundregeln zusammengefasst. „Take nothing but pictures, leave nothing but footprints" – beherzige dieses Motto, dann steht deinem umweltschonenden Bergerlebnis nichts mehr im Weg!

Und das kannst du machen...

01 **Befolge Bestimmungen:** Informiere dich über Regelungen in National-parks und Schutzgebieten und halte dich an die Hinweise auf Informationstafeln.

02 **Bewege dich auf sichtbaren Wegspuren:** Durchquere keine Gebiete auf eigene Faust, sondern bleibe auf den festgelegten Routen. Respektiere Pri-vatgrund und schließe Weidegatter.

03 **Achte auf „Dos and Don'ts" rund um das Baden in Bergseen:** Res-pektiere Badeverbote und -empfehlungen (vgl. „Grundwissen").

04 **Vermeide unnötigen Lärm:** Achte auf Ruhezonen und bewege dich möglichst leise in der freien Natur.

05 **Respektiere den Lebensraum der Tiere:** Weiche Tieren unaufgeregt aus und halte Distanz bei Begegnungen.

06 **Halte die Umwelt sauber:** Hinterlasse keinen Abfall. Versuche dich bei Notdurft von Gewässern fernzuhalten und nimm Klopapier wieder mit ins Tal.

07 **Pflücke und sammle keine Pflanzen:** Achte darauf, Pflanzen mög-lichst unberührt zu lassen.

08 **Mach kein offenes Feuer und campiere richtig:** Nutze nur ausge-wiesene Feuerstellen und beachte die aktuelle Waldbrandgefahr. Wenn du im Freien übernachtest, tu das nur an Plätzen, wo dies erlaubt ist.

Grundwissen

Berge & Baden

SICHERHEIT UND BASICS

Bergwetter: Alpenseen sind, wie der Name schon sagt, in den Alpen. Deshalb muss die Wettersituation genau im Auge behalten werden: Wetterumschwünge und Gewitter sind in den Bergen keine Seltenheit. Es versteht sich von selbst, nicht bei Schlechtwetter aufzubrechen.

Sicherheit: Auch bei aller Vorsicht können Unfälle niemals völlig ausgeschlossen werden, deshalb solltest du nie allein unterwegs sein! Im Falle eines Unfalls gilt zuallererst Ruhe zu bewahren und die Lage rasch und richtig einzuschätzen. Sichere den Verletzten, leiste Erste Hilfe und wähle den Notruf (europaweite Notrufnummer 112, Alpinnotruf 140).

Es gibt wohl kaum ein schöneres Erlebnis, als nach einer anstrengenden Bergtour in einen erfrischenden See einzutauchen und müde Wandermuskeln zu beleben. Doch dabei gilt es, einige Dinge zu beachten!

Respektiere Badeverbote: Nationalparks und Schutzgebiete bewahren die Artenvielfalt und Ursprünglichkeit der Gewässer. Sofern nicht explizit erlaubt, sollte hier nicht gebadet werden. Grundsätzlich gilt: Berg- und Gebirgsseen sind hochsensible Ökosysteme, die im Sinne des Naturschutzes möglichst unberührt gelassen werden sollten. Im Zweifelsfall also lieber auf den Sprung ins kühle Nass verzichten und die Seen aus Liebe zur Umwelt vom Ufer aus genießen!

Nutze offizielle Badeplätze: Betrete Gewässer wo immer möglich an ausgewiesenen Badestellen. Halte dich von Schilf am Ufer fern und achte auf Kühe und Schafe, wenn Seen im offenen Weidegebiet liegen.

Verschmutze das Wasser nicht: Besonders problematisch ist Sonnencrème, deren Ölgehalt die Gewässer verunreinigt.

Aufpassen: Vorsicht bei rutschigem Untergrund, Strömungen – und auch im Sommer ist das Wasser der Berg- und Gebirgsseen sehr kalt.

Grundwissen

Wandern

TOUREN-1×1 & LEXIKON

Die Klassifizierung der Touren ist als Richtwert zu verstehen. Schätze dein Können und deine Kräfte realistisch ein und richte deine Tourenauswahl danach aus.

LEICHT: Meist gut markierte, breite Wanderwege ohne Gefahrenstellen, die stellenweise auch etwas steilere, wurzelige und felsige Passagen aufweisen können. Die Routen sind für AnfängerInnen, Kinder sowie fitte, ältere Personen geeignet und setzen keine großartige Bergerfahrung voraus.

MITTEL: Anspruchsvollere Wege und Pfade mit teils unwegsamem Untergrund (steinig, wurzelig, verwachsen, rutschig), die meist gut markiert sind und phasenweise leicht ausgesetzte Abschnitte beinhalten können. Die Routen sind überwiegend länger und setzen Bergerfahrung und eine gute Grundkondition voraus.

SCHWER: Herausfordernde Touren, meist auf schmalen und steilen Steigen in alpinem Gelände. Stellenweise können kurze (durch Drahtseile versicherte) Kletter- und Kraxelpassagen vorkommen, bei denen die Hände zur Hilfe genommen werden müssen. Es ist mit längeren An- und Abstiegen zu rechnen. Langjährige Bergerfahrung, Trittsicherheit und Schwindelfreiheit sowie ausgezeichnete Kondition sind Grundvoraussetzung!

Gehzeiten: Die angeführten Zeitangaben verstehen sich als Richtwerte für die reine Gehzeit ohne Pausen und basieren auf folgenden Erfahrungswerten pro Stunde: Aufstieg 400 Höhenmeter, Abstieg 600 Höhenmeter, 4 Kilometer auf flacher Strecke.

Wandersaison: Grundsätzlich lässt es sich im Voralpenland und dem Flachland ganzjährig wandern, trotzdem solltest du mit Schnee in den höheren Lagen rechnen. Besonders bei Minustemperaturen und Nässe ist auf die Wegverhältnisse zu achten. Deswegen empfehlen wir Wanderungen ab April bis Oktober. In alpinen Lagen lässt es sich von Juni bis Oktober gut wandern, wobei jede Jahreszeit ihren ganz besonderen Reiz hat. Während man in niedereren Regionen schon im Mai schöne Touren unternehmen kann, hält sich der Schnee in höher gelegenen Gegenden oft bis in den Hochsommer hinein. Der Herbst schafft eine einmalige Wanderkulisse und oft besteht sehr gute Fernsicht. Informiere dich am besten in der Region über die aktuelle Begehbarkeit der Wege und die Öffnungszeiten der Zufahrtsstraßen und Schutzhütten.

TOUREN 01 – 44
BESCHREIBUNGEN

Rain
Rain-padent
Güterverkehr
Kickach
527
Baumgarter Wald
576
Königer-hütte
618
Achperle
Wolfegger Ach
Tafelweiher
447
Hof
Welte
Sterkshof
Eggers
457
Baienfurt
460
Trauben
Knechtenhaus
Eckbach
567
567
Sulzesch
603
Lupratsberg
Alisberg
629
Forst
Fuchsenloch
Fuchsenloch
Baumgarten
Köpfingen
Neu-briach
Briach
RAVENSBURG
Butzenberger Alm
827
Haselhaus
626
Dilläcker
Weberhäusle
Eck
623
Wildgehege
Erbisreute
Vorderer
Truchseenweiher
Museum für Klosterkultur
Butzenberg
623
Stiller Bach
589
Neuhaselhaus
Altweiher
Engenreute
605
Sebastianskapelle
Wolfsberg
623
Lindenberg
580
484
Alamannenmuseum
Stadtmuseum
Schlössle
ehem. Burg
492
Nessenreben (Dom.)
659
Rößlerweiher
609
Rößler
594
Kehrenberg
Hinter-moos
633
Spinnenhirn
Kocher
629
Zundelbacher Linde
637
Unter-ankenreute
Ober-
647
Weifenbrunnen
ehem. Burg
Zundelbach
Gessenried
Kocherlöcher
Friedrichsbuche
Eratsrain
586
NSG
Fohren
630
Locher
Katzheim
Appenberg
616
Albisreute
Stöcklisberg
Papiermühle
Dietenbach
540
Lanzenreute
Fechtberg
Wetzisreute
Jägerhäusle
592
Albertshofen
Fenken
Mayerhanser
663
Neuwald
Habnitkapelle
596
Furtbach
Hinzistobel
Restaurant Krone Schlier
600
Greut
665
Mühlenreute
Schlier
Obergreut
607
Neuschel
Groppach
Grieble
Bibenloch
Badstube
Bolweiher
NSG
Neubau
586
598
Steinrausen
750
Knollengraben
Sieberatsreute
Waldburg
Emmelweiler
Richlisreute
Erratt. Block
747
Ritteln
606
Gullen
604
Buchwiesen
663
Museum auf der Waldburg
Staig
Frankenberg
Grimmenkapelle
Meuschenmoos
Mayerhof
Rößler
Flappach
577
Aichenblock
Dietenberg
Friedach
Hotterloch
Menisreute
Amboss
622
Dachwinkel (Hoher Hof)
Bechen
Atzenweiler
Engel
663
Eggenhütte
Kronhalden
Kenzler
Colognia
NSG
Felsblock
Egg
500 m

Schlier und Rösslerweiher

Rundwanderung von Schlier durch das Laurental zum Rößlerweiher

DAUER	4h 14min
LÄNGE	13,2 km
AUFSTIEG	230 hm
SCHWIERIGKEIT	LEICHT
MIT ÖFFIS ERREICHBAR	ja

Das erwartet dich ...

Unterschiedliche Gesichter zeigt diese östlich von Ravensburg gelegene Rundwanderung. Dominiert anfangs dunkler Wald entlang der Scherzach im Laurental
und im Anstieg nach Gessenried die Tour, so präsentiert diese nach dem Aufstieg
über den Katzensteig Naturschönheiten wie die Zundelbacher Linde und den
Rößlerweiher und entwickelt sich zuletzt zu einer aussichtsreichen Höhenwanderung mit fantastischen Bergpanoramen.

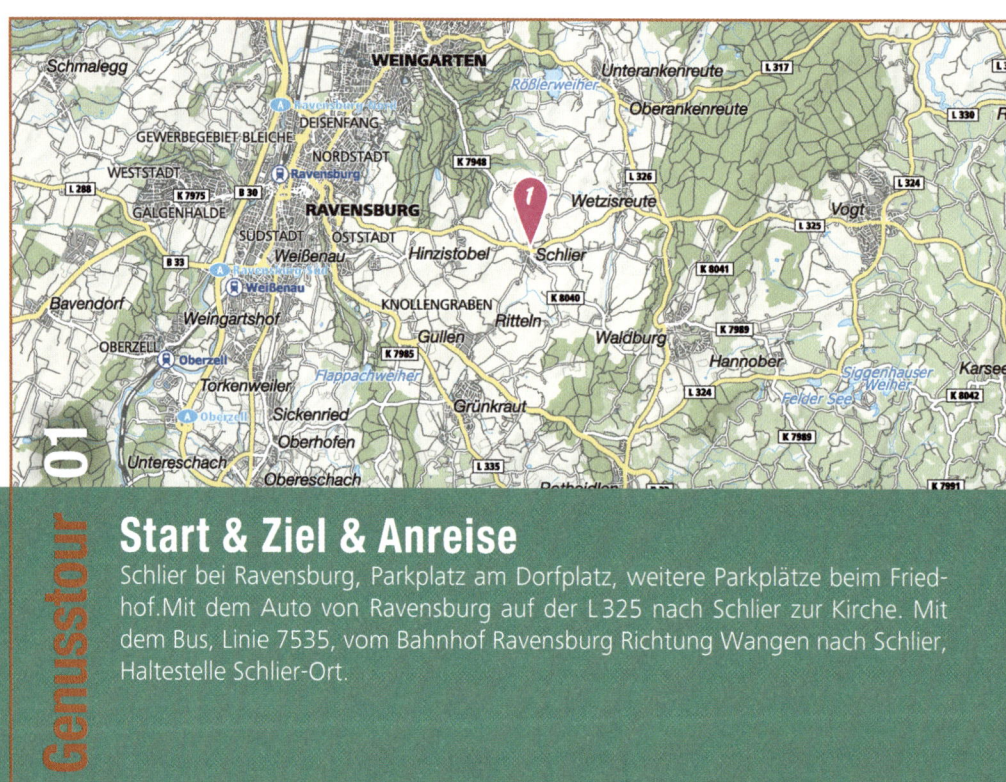

Genusstour

Start & Ziel & Anreise

Schlier bei Ravensburg, Parkplatz am Dorfplatz, weitere Parkplätze beim Friedhof.Mit dem Auto von Ravensburg auf der L325 nach Schlier zur Kirche. Mit dem Bus, Linie 7535, vom Bahnhof Ravensburg Richtung Wangen nach Schlier, Haltestelle Schlier-Ort.

Tourenbeschreibung

Am Dorfplatz in Schlier neben einem schönen Weiher starten wir nach links zur Kirche St. Martin, zweigen am Restaurant Krone Schlier rechts in die Eibeschstraße ab und wandern auf dem Gehweg leicht ansteigend hoch zum Wald. Nach dem kurzen Waldstück geht es nach Albisreute. Am Ende des Weilers halten wir uns scharf links, kommen durch einen Hof und folgen der Straßenkurve links steil hinab ins Laurental.

Dort in einem Rechtsschwenk entlang der Landesstraße. Bei einer ausgeprägten Linkskurve verlassen wir die Straße nach rechts und schwenken in einen Forstweg ein. Zunächst ansteigend, nach einer Linkskehre flacher werdend, wandern wir parallel zur unten verlaufenden Laurastraße durch den Wald. Der kurvige Weg führt wieder hinab zur Straße, an der wir scharf rechts abbiegen und auf dem steilen Forstweg durch den Wald aufsteigen. Oben am Waldrand angekommen stoßen wir auf Asphalt und halten uns links. Wir treffen auf die Straße, die uns links Richtung Zundelbach/Schattbuch führt. An der Verzweigung beim Bildstock queren wir das Sträßchen und wandern auf dem Katzensteig nach links hinauf über Stufen zum Vereinsheim „Lindele". Es hat nur am Wochenende geöffnet.

Wir genießen den Panoramablick und wandern links hinüber zur Zundelbacher Linde. Wir lassen die Linde rechter Hand liegen und wandern auf den Waldsaum zu. Linker Hand im Wald liegt die Rößlerhalde Hütte des Forstbetriebes. Am Querweg geht es nun rechts zur Straße. Gegenüber wird unser Weg zu einem Pfad, der uns entlang eines Baches an den Rößlerweiher bringt.

Ein schmaler gekiester Uferweg verläuft direkt am Wasser entlang, nach einem Brücklein an der Straße schwenken wir scharf rechts ab und wandern auf einem steinigen Pfad zwischen Weiher und Bach um den See herum. Am Abzweig gehen wir geradeaus über den Bohlensteg zu einem Asphaltsträßchen und wandern dort nach rechts Richtung Schattbuch. Am Abzweig zum Schattbuchhof halten wir uns geradeaus und kommen durch den Weiler Eratsrain nach Appenberg. Über Dietenbach führt das Sträßchen hinunter nach Schlier zur Schule und auf dieser Straße nun rechts zurück zum Ausgangspunkt.

Autoren Tipp

Der Stille Bach ist ein Relikt aus längst vergangenen Zeiten: Im 11. Jahrhundert legten Mönche des Klosters Weingarten den Bach auf einer Länge von 10 Kilometer an, um die Mühlen und Sägen der Stadt Weingarten damit zu betreiben. Es gibt sogar einen wasserbauhistorischen Wanderpfad, der dem Lauf des Stillen Bachs folgt. Der Weg führt vom Freibad Weingarten zum Rößlerweiher und wieder zurück und informiert über die Wasserversorgung des Klosters.

Heide

Waldfeld

Beutels

Hubwald

764

Ziegel-
berg

Schneider

682

Rohrsee
NSG

Rohrbach

Hasbach

Lochhanses

ehem.
Mosers

Rohrseestüble

Rohr

745

Schöllhorners

Jöchler
Ziegelei

Tobe

Haslachäcker

676

697

685

Humberg

Teuses

Allmanns-
reute

EINTÜRNEN

690

Greut

Piusses

Schreiner-
mann

671

Das kleine Café

Seminarhof
Sonnentor

Reich

Hummelluckenwald

708

Mohr

Sontheim

Schuhmächers

Stockäcker

Lenzers

Balt-
hases

683

Kämmerle

686

Weberholz

Oberer Weiher

Reisiswald

Neuhauser

687

(Hauptroute)

Geyers

709

Hemmerle

693

693

Weitprechts

718

Eintürnenberg

728

Klaren

Schnitzer

Stadels

685

Pfenders

Schlesis
Peterhof

Kiefer
662

696

Zum Ochsen

Langwuhrweiher

Luzenhof

Steig

Linden

697

Linder-

696

Gemeinde-
häusle

Metzisweiler
Weiher

holz

Rotmoos

Holzmühle-
weiher

Holzmühle

679

2

Metzisweiler

N S G

683

Immenried

Kramerh

691

(Hauptroute)

709

691

Knöbele
698

Birken-
hachen

Dietrichsholz

Brunner
Weiher

Frickers
beim Hof

Eberharz

Schacher

706

Schlüpfen-
moos

Sailers

682

Bustenmoos

Brunnen

Spamannshof

Wucherer
Moor

Bahnhof
Wolfegg

Grünenberger

Veesers

736

Oberreuter

719

Windhag

653

Stock-
weiher

708

Mooshof
Moos

Mooshäusle

690

Rotenbach

708

Buschel

739

Mündelshof

Grünenberg

Neuhaus

695

Holdenreute

Oberreute

Staibshof

lle

Annaburg

Straß

Schnait

Biggels

Kiebele

Winne-
berg

(Hauptroute)

Samhof

Mangler

Linders

Schöllhorn

708

Brenderweiher

Hofstatt

689

Hinterhub

695

Boscher

Rempertshofen

643

Baierhof

Reute

693

Bronner

Krughof

Stolzen-
see

Brenden

Vorderhub

Matzenweiler

Mooshof

Berghof

Lutzhof

673

Hohgreut

663

Boscher Weiher

656

Höllenbach

682

(Hauptroute)

Obersee
(Stolzen-
see)

Bühlhof

Boschers

Scheiben

Obertiefental

Breite

Lenzers

644

tzental

Untertiefental

Hahnensteig

682

Burg

Kißlegg

erhof

Fuchshof

Finken

676

Reute

Rudishof

0   500 m

Staig

Premen

Finkenmoos

Krumbach

Familien-
freizeit-
gelände

Schlosspark

Tannen

Premer
Weiher

Speck

Kochs

Burger Moos

6-Seen-Runde

Kleine und große Weiher im Norden von Kißlegg

DAUER	4h 45min
LÄNGE	16 km
AUFSTIEG	119 hm
SCHWIERIGKEIT	MITTEL
MIT ÖFFIS ERREICHBAR	ja

Das erwartet dich ...

Von der Vielzahl der größeren und kleineren Seen im Dreiecksgebiet zwischen Bad Wurzach, Wolfegg und Kißlegg lassen sich sechs Gewässer zu einer schönen und erholsamen Rundwanderung verbinden und so Naturerlebnis mit Badevergnügen kombinieren.

Start & Ziel & Anreise

Immenried, Parkplatz an der Hauptstraße, direkt gegenüber der Kirche. Mit dem Auto auf der BAB A 96 München–Lindau bis zur Ausfahrt 9 Leutkirch-West. Richtung Bad Wurzach abbiegen. Von der B 465 links über Arnach nach Immenried. Mit dem Bus, Linie 7549, vom Bahnhof Kißlegg nach Immenried zur Haltestelle Immenried-Hauptstraße.

Tourenbeschreibung

Vom Parkplatz gegenüber der Kirche gehen wir die St.-Ursula-Straße hoch und biegen links in die Hohlgasse ein. In der Kurve schwenken wir nach rechts in die Straße Zur Holzmühle ein. Das Sträßchen schlängelt sich durch Wiesen zur Holzmühle. Am Wanderparkplatz führt links ein Weg an das Ufer des Holzmühleweihers mit fantastischem Blick über den See.

Weiter auf Asphalt gelangen wir zum Langwuhrweiher. Auf einem baumbestandenen Fahrweg wandern wir direkt am Ufer entlang zu einer Wegegabelung. Wir folgen linkshaltend dem schmalen Asphaltsträßchen und sind kurz darauf am Hasenweiher. Wir verlassen den Wald und gehen auf ein Sträßchen zu. Rechts sehen wir den Kirchturm und die Häuser von Eintürnenberg, biegen aber nach links ab Richtung Brunner Weiher. Hier bietet sich auf dem in der Kurve nach rechts abgehenden Waldweg eine Abkürzungsvariante zum Metzisweiler Weiher an.

Bald taucht der Holzmühleweiher linker Hand auf und wir stoßen auf eine Kreuzung mit Parkplatz. Direkt vor uns liegt der schilfumstandene Brunner Weiher. Wir schwenken nach rechts auf den Forstweg ein, biegen bei der nächsten Wegkreuzung erneut rechts ab und folgen dem Weg aus dem Wald hinaus. Links unten liegt der Metzisweiler Weiher. Wir gehen auf die Gebäude zu, hinter denen der erwähnte Alternativweg von rechts einmündet. Leicht ansteigend geht es nach Weitprechts zur Straße vor der Wirtschaft zum Ochsen.

Dort nun scharf links zum Ufer des Metzisweiler Weiher einbiegen. An der Bushaltestelle zweigt links die Kastanienstraße ab, die uns über Sailers, Veesers an den Abzweig zum Stockweiher vor Neuhaus bringt. Vorbei an der Liegewiese des Badesees geht es auf einem Weg geradeaus wieder in den Wald. Wo sich der Weg verzweigt gehen wir rechts und nach kurzem Weg links am Bustenmoos entlang. An der nächsten Verzweigung halten wir uns rechts, am Wegedreieck erneut rechts und gelangen an den Brunner Weiher.

Dort queren wir die Straße und wandern zunächst am Waldsaum entlang, später durch den Wald bis zu seinem Ende. Dort biegen wir links auf den Weg ab und gelangen, uns linkshaltend, an den Holzmühleweiher. Der Fahrweg, der rechts abzweigt, führt zu den Fischteichen und zur Straße nach Immenried. Noch einmal gehen wir nach rechts in den Ort hinein und der Ausgangspunkt ist wieder erreicht.

Am Badesee Stockweiher

Wasserfalltour

Lindenberg – Waldsee – Scheidegger Wasserfälle

Wasserfalltour 03

DAUER	4h
LÄNGE	11,2 km
AUFSTIEG	188 hm
SCHWIERIGKEIT	LEICHT
MIT ÖFFIS ERREICHBAR	ja

Das erwartet dich ...

Eine erlebnisreiche Rundtour im wunderschönen Allgäu zwischen dem Lindenberger Waldsee und den Scheidegger Wasserfällen, zwischen Moor und Wald, mit einer aussichtsreichen Kapelle und einem ungewöhnlichen Reptilienzoo. Einkehren können wir in der Sonnenstadt Lindenberg, in der man gut behütet durch die Straßen schlendert. Im Deutschen Hutmuseum gibt es Hutgeschichte zum Anfassen und Aufsetzen.

Start & Ziel & Anreise

Lindenberg im Allgäu, Parkplatz beim Waldsee. Mit dem Auto auf der BAB A 96 München–Lindau bis zur Ausfahrt 5 Wangen-West. Nach Wangen im Allgäu abbiegen und auf der B 32 über Opfenbach nach Mellatz. Dort auf die St 2383 nach Lindenberg im Allgäu. Auf der Martinstraße zum Waldsee. Mit der Bahn, Linie RE70 München–Lindau, oder der Linie RE7 von Augsburg nach Lindau bis Bahnhof Heimenkirch. Weiter mit dem Bus, Linie 13, nach Lindenberg-Busbahnhof. Von dort Fußweg ca. 1,1 km bis zum Waldsee.

Tourenbeschreibung

Vom Parkplatz direkt beim Waldsee gehen wir auf der Uferpromenade hinüber zum Hotel, schwenken nach links zum Schwimmbad und gehen geradeaus. Kurz darauf wieder links, der Beschilderung Allmannsried folgend, vorbei am eingezäunten Waldseebad. Bei der Linkskurve, hinter dem urtümlichen Moor, halten wir uns geradeaus und orientieren uns Richtung Allmannsried. Wir erreichen Allmannried, zuletzt über freies Gelände und leicht ansteigend auf einem Forstweg. Ein fantastischer Ausblick nach links in die Allgäuer und Schweizer Berge erwartet uns.

Wir folgen dem Asphaltsträßchen geradeaus, bis beim Schild Rappenfluh der Wanderweg nach links ausgeschildert ist. Wenig später bieten sich zwei Möglichkeiten an, wir folgen der beschilderten Variante nach Lötz, einem breiten, gekiesten Weg durch eine Waldschonung. Über einen Bachlauf führt der Weg als wurzeliger Pfad weiter und in den Wald hinein, dann scharf links und leicht ansteigend hoch zu einer Wiesenlichtung mit Bank. Nach dem Waldende eröffnet sich ein herrlicher Blick rechts bis zum Bodensee. Wir erreichen Lötz, sind wieder auf Asphalt, und machen einen kurzen Abstecher nach rechts zur schön gelegenen St.-Wendelins-Kapelle.

Zurück in Lötz folgen wir dem Asphaltsträßchen Richtung Scheidegg bis zu einem kreuzenden Sträßchen. Wir überqueren es und wandern auf einem Wiesenpfad dann auf einem Forstweg rechtshaltend zur Bundesstraße 308.

Wir überqueren die B 308 und schlendern rechts hinab zum Eingang der Wasserfälle. Über steile Eisentreppen und Holzstufen gehen wir abwärts bis zum Ausguck beim Großen Wasserfall. Hier stürzt der Rickenbach über 18 m hinab; ein beeindruckendes Szenario. Zurück am Eingang machen wir zunächst über den Spielplatz einen lohnenden Abstecher nach links zu den ausgeschilderten Aussichtspunkten und schließen dann noch den markierten Rundweg zum Kleinen Wasserfall an. Über eine Eisenbrücke wird ein Bach überquert, anschließend gehen wir unter dem Wasserfall und den Felsen hindurch zum Eingang der Wasserfälle.

Am Parkplatz rechts vorbei folgen wir dem Sträßchen Richtung Reptilienzoo, verlassen es in einer Rechtskurve und gehen links auf einem Forstweg nach Bieslings. Wieder auf Asphalt führt der Weg dann hinab zur B 308. Rechter Hand liegt der Reptilienzoo; Highlight ist eine zweiköpfige Klapperschlange.

Über die Bundesstraße hinweg steigt der Kiesweg zum Wald hin an. Bei einer „Pfarrer-Kneipp-Tafel" verlassen wir den Weg und schwenken rechts in einen schmalen Waldpfad ein. Wir treffen auf eine Asphaltstraße, folgen ihr nach rechts und biegen am Hochspannungsmasten links ab Richtung Waldsee. Am Waldrand gehen wir links und folgen dann rechts dem Trimm-Dich-Pfad-Schild. Bei der Parcoursstelle 14 auf dem kreuzenden Kiesweg nach links, hier stoßen wir nach einer Kuppe auf den Waldsee-Rundweg. Nach rechts gelangen wir ans Seeufer und sind kurz darauf zurück am Ausgangspunkt.

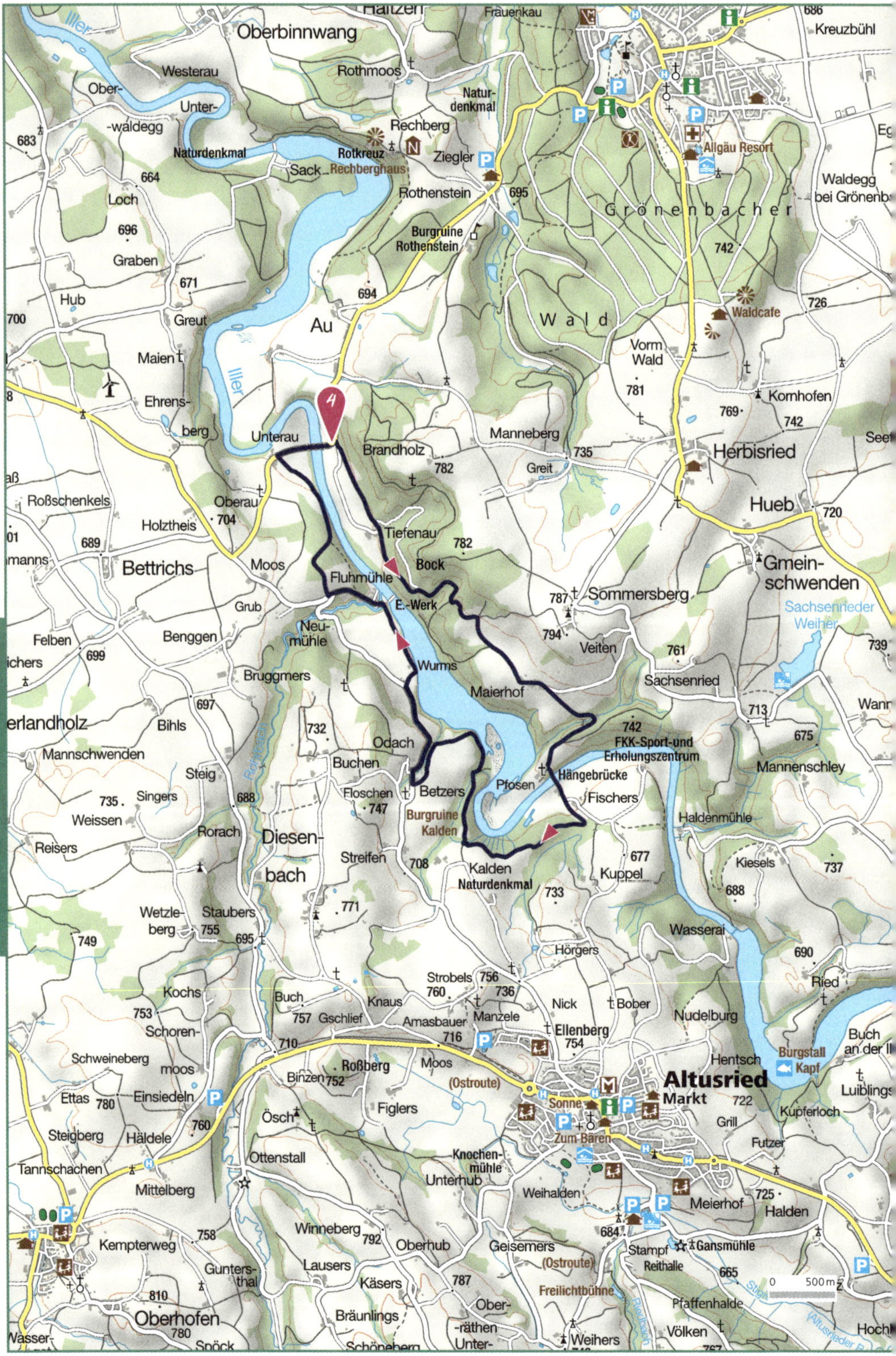
Oberbinnwang
Frauenkau
Kreuzbühl
Westerau
Rothmoos
Ober-
Unter-
-waldegg
Natur-
denkmal
Rechberg
Naturdenkmal
Rotkreuz
Rechberghaus
Sack
Ziegler
Allgäu Resort
Waldegg
bei Grönenb
Loch
Rothenstein
Burgruine
Rothenstein
G r ö n e n b a c h e r
Graben
Hub
Greut
Au
W a l d
Waldcafe
Vorm
Wald
Maien
Ehrens-
berg
Iller
Kornhofen
Unterau
Brandholz
Manneberg
Greit
Herbisried
Hueb
Roßschenkels
Oberau
Holztheis
Tiefenau
Bettrichs
Moos
Bock
Fluhmühle
Sommersberg
Gmein-
schwenden
Grub
E.-Werk
Sachsenrieder
Weiher
Felben
Benggen
Neu-
mühle
Veiten
Bruggmers
Wurms
Sachsenried
Maierhof
Bihls
FKK-Sport-und
Erholungszentrum
Odach
Mannschwenden
Buchen
Hängebrücke
Mannenschley
Steig
Pfosen
Betzers
Floschen
Fischers
Singers
Weissen
Burgruine
Kalden
Haldenmühle
Rorach
Diesen-
bach
Reisers
Streifen
Kalden
Naturdenkmal
Kuppel
Kiesels
Wetzle-
berg
Staubers
Wasserai
Hörgers
Strobels
Kochs
Buch
Knaus
Nick
Bober
Ried
Nudelburg
Schoren-
Gschlief
Amasbauer
Manzele
Ellenberg
Schweineberg
moos
Roßberg
Moos
Hentsch
Burgstall
Kapf
Binzen
(Ostroute)
Altusried
Markt
Buch
an der Il
Luiblings
Ettas
Einsiedeln
Figlers
Sonne
Grill
Kupferloch
Ösch
Zum Bären
Steigberg
Häldele
Ottenstall
Knochen-
mühle
Futzer
Tannschachen
Unterhub
Mittelberg
Weihalden
Meierhof
Halden
Winneberg
Oberhub
Kempterweg
Geisemers
Stampf
Gansmühle
Reithalle
Lausers
(Ostroute)
Gunters-
thal
Käsers
Freilichtbühne
Pfaffenhalde
Ober-
Bräunlings
Oberhofen
-räthen
Völken
Weihers
Schöneberg
Unter-
Wasser-
Spöck
Hoch
0 500 m

04

Flusstour

Die schöne Iller

Das Illertal zwischen Bad Grönenbach und Altusried

DAUER	3h 15min
LÄNGE	10,9 km
AUFSTIEG	260 hm
SCHWIERIGKEIT	LEICHT
MIT ÖFFIS ERREICHBAR	nein

Das erwartet dich ...

Nördlich des Marktes Altusried schlängelt sich die Iller tief eingeschnitten durch das Allgäu. Hier beginnt die sehr abwechslungsreiche und interessante Rundtour mit zahlreichen landschaftlichen Höhepunkten, aber auch beachtlichen Höhenunterschieden zwischen dem Tal der Iller und der Hochebene. Highlight ist die Hängebrücke zwischen Pfosen und Fischers mit grandiosem Blick über die Talaue der Iller.

Start & Ziel & Anreise

Bad Grönenbach, Wanderparkplatz an der Illerbrücke. Mit dem Auto auf der BAB A7, Memmingen–Füssen bis zur Ausfahrt 131 Bad Grönenbach. Nach Bad Grönenbach fahren und im Ort auf die Kreisstraße MN 24 abbiegen. Die Straße führt zum Parkplatz vor der Illerbrücke.

Tourenbeschreibung

Direkt beim Wanderparkplatz Illerbrücke beginnt ein Fahrweg, der sich sogleich teilt. Wir folgen dem linken Wegast, der ein wenig ansteigt und nach Tiefenau führt. Bei der Verzweigung neben der Siedlung Tiefenau gehen wir geradeaus weiter und bald deutlich aufwärts. Der Fahrweg schlängelt sich über einen Waldhang hinauf und trifft am Waldrand auf die Maierhofweide. Nun auf der Fahrspur und hinter dem Zaundurchschlupf nach rechts auf einen Feldweg, der zum Maierhof abfällt. Wir gehen durch den Weiler und halten uns hinter dem letzten Haus rechts auf den Feldweg, der über einen Wiesenhang in den Wald eintaucht. Wir queren den wilden, tiefen Graben des Kalten Bachs und gelangen über eine Wiese nach Pfosen am Ufer der Iller. Bei der Abzweigung vor Pfosen halten wir uns links und gehen auf einem Treppenweg zur eindrucksvollen Hängebrücke hinunter.

Die Brücke hat eine Spannweite von 84,5 Meter und ist für maximal 60 Personen zugelassen. Am anderen Ufer der Iller liegt die Ortschaft Fischers. Ein Asphaltweg führt durch den Weiler, von dem in dessen Linkskurve ein Wiesenweg nach rechts abzweigt. Der Weg taucht in den Wald ein, macht eine Rechtskurve und erreicht den Waldrand. Entlang der Hangkante hoch über der Iller wandern wir in Richtung des Weilers Kalden. Am Weg der links nach Kalden führt wandern wir nach rechts zur Burgruine Kalden. Ein Stück Turm ist alles, was noch übrig ist. Interessant ist aber die Infotafel zur Geschichte der Burg. Gleich dahinter ist der schönste Ausblick auf das Illertal.

Zurück zum Weg, der jetzt als steiler Steig zum Kaldener Tobel an einen Steg hinabführt. Hinter dem Steg wandern wir nach rechts und folgen ihm linkshaltend an das Altwasser der Iller. Schon geht es wieder hinauf nach Betzers, wo wir uns an der Verzweigung rechts halten. Dann wieder rechts und erneut rechts auf dem Asphaltsträßchen hinunter nach Wurms. Am Haus rechts vorbei geht es jetzt entlang des Illerstausee. Nächster markanter Punkt ist die Illerstaustufe an der Fluhmühle.

Nach rechts gehen wir über die Brücke der Rohrach das Sträßchen bergauf. Dort wo es links zur Neumühle geht, biegen wir links ab und folgen der Schlepperspur in den Wald. Der Weg beschreibt einen Rechtsbogen und bringt uns an der Hangkante entlang, dann über die Wiese nach Unterau. An der Kreisstraße gehen wir rechts über die Straßenbrücke der Iller zurück zu unserem Ausgangspunkt.

Autoren Tipp

In Bad Grönenbach lernte der „Wasserdoktor" Sebastian Kneipp Latein und legte einen wichtigen Grundstein für seine Heilmethoden. Gutes Essen und Trinken trägt zum Wohlbefinden bei. So hielt es Sebastian Kneipp und so wird es auch in Bad Grönenbach gehalten. Das Wahrzeichen Bad Grönenbachs ist das Hohe Schloss. Weithin sichtbar steht es auf einer Bergnase über dem Ort. Im ehemaligen Klostergarten am Hohen Schloss liegt der Kreislehrgarten. Er ist eine idyllische Gartenanlage, die zum Ausruhen und Verweilen einlädt.

0 500 m

Genusstour 05

Hohenkapf
Versteckter Minigipfel am Eschacher Weiher

DAUER	2h 30min
LÄNGE	9,7 km
AUFSTIEG	214 hm
SCHWIERIGKEIT	MITTEL
MIT ÖFFIS ERREICHBAR	nein

Das erwartet dich ...

Hohenkapf nennt sich die höchste Erhebung im Buchenberger Wald im Süden des Eschachtals. Der recht selten besuchte 1122 m hohe Gipfel über dem idyllisch gelegenen Eschacher Weiher überragt sogar um ein paar Meter den wesentlich bekannteren und auch häufiger besuchten Schwarzen Grat. Ein kurzer aber steiler Anstieg führt vom Letzbach auf den Gipfel. Unten am Eschacher Weiher können wir ein erfrischendes Bad nehmen.

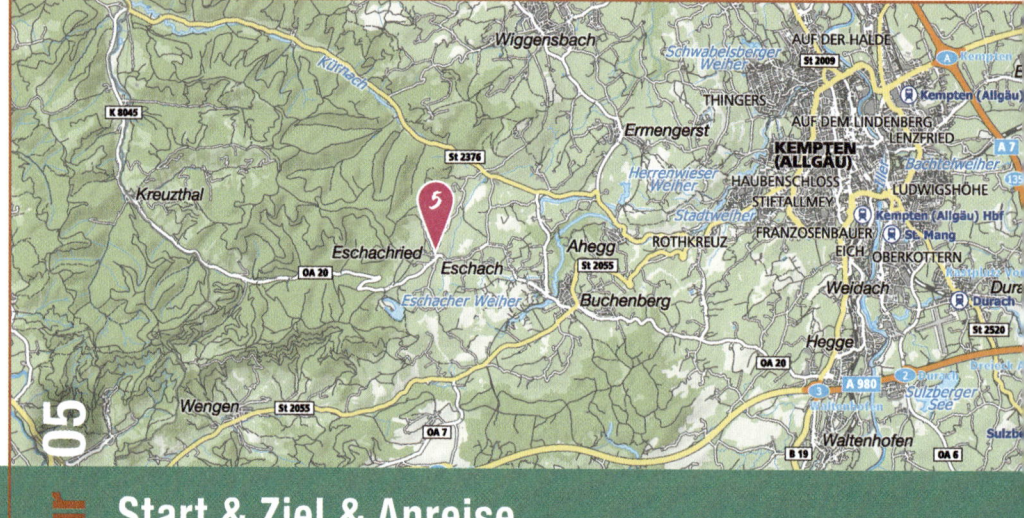

Start & Ziel & Anreise

Eschach bei Buchenberg, Parkmöglichkeit bei der Dorfkirche. Mit dem Auto auf der BAB A 7 Memmingen–Füssen bis zum Dreieck Allgäu. Dort auf die B 12 Richtung Isny bis zur Ausfahrt Hellengerst. Nach rechts abbiegen und weiter nach Buchenberg fahren. Von dort auf der Eschacher Straße nach Eschach zur Dorfkirche.

Tourenbeschreibung

Bei der Kirche in Eschach gehen wir auf dem Anliegersträßchen bergan zum Ferienhof Maidel. Ab hier wandern wir auf einem Feldweg, an der Verzweigung halten wir uns links, zum Wanderparkplatz Eschacher Weiher oberhalb des Sees. Dort halb links über die Straße und hinunter zum traumhaft gelegenen Strandbad am See. Der Eschacher Weiher liegt auf circa 1000 Meter und besticht mit seinen hervorragenden Bergblick. Verborgen zwischen Hügeln und Wäldern bietet er im Sommer eine wunderbare Gelegenheit zum Abkühlen.

Wir gehen links beim Strandbad und See entlang und an seinem Ende rechts. Hier lenkt uns der Wegweiser „Brotzeitstube" auf einen sanft steigenden Wiesenpfad zu „Scheiders Brotzeitstube" mit perfekter Aussicht und leckerer Brotzeit.

Der Blick reicht vom Blender über das Illertal und Buchenberg, die Ammergauer und Allgäuer Alpen bis zu den Höhenzügen Hauchenberg und Sonneneck. Wir gehen hinunter nach Hochberg, aber direkt vor dem ersten Haus scharf links zurück auf den mit „Hohenkapf" beschilderten Weg auf den Wald zu. An der Wegkurve nach links führt der Weg hinunter an den bewaldeten Einschnitt des Letzbachs.

Das Waldkloster lassen wir links liegen und gehen über den Letzbach, dann rechts hinauf mit deftiger Einlage zum Gipfel des Hohenkapfs, leider zum aussichtslosen höchsten Punkt der Wanderung.

Nach einer entspannenden Rast auf dem einsamen Gipfelchen geht es hinab zur Wegeverzweigung. Wir wandern nach links auf dem Forstweg an die Kreisstraße und zum Wanderparkplatz am Eschacher Weiher. Ab hier gehen wir auf dem schon bekannten Weg nach Eschach zurück.

Auch unter Anglern ist der Eschacher Weiher beliebt

06

1219
1127
Rauberhöhle
Berg
Alpe Schwabenberg
Börlas 959
St.Blasius
Allgäuer Bergbauernmuseum
Diepolz 1037
Reute 970
938
Hochholde

Missen- 859
Kühberg 1035
Schäffler
Haus des Gastes
Carl Hirnbein-Museum
Feriendorf Sonnenhalde
Hinterhaselbachalpe
Stixner Wald
St. Oswald
Knottenried 1003
Bergstätter Hof
Luithärz 872
Hirsch

Goldberg Alpe
Tuffenmoos
Unterstixner
Oberstixner
Stixner Wald
Schlettermoos
Stixner Joch
900 Hirsch
St. Leonhard
Haslachmühle
ZAUMBERG 834
846
UNTEREIN

1060
Pfarralpe
Juget-Alpe 1024
Siedelalpe
NSG
Alpseewies
Kiosk
Hauserbad
NSG

Alpseeblick 970
Langholzer Alpe (verf.)
Alpe Schönesreuth
Hochreute
1108
Hohenschwandalper
1168
Trieblinger Tobel
In der Au
See 738
HUB
Alpsee Skytrail
Ruine Hugof
Rothe
Ruine Rothenfels

Trieblings
Gaiskopf
Großer Alpee (702)
Maria Loreto
Rieder

Reuter
Sange
NSG
Teufelsee
Kiosk
Säge
Gschwend
BÜHL a. Alpsee
Schanzhäusl
LSG
Kl. Alpsee

Bleichgut
Bleichgut
Hintersee
Theurer
Wasserfall
Hochbergalpe
Alte Brände
308
IMMENSTADT i. Allgäu
728

Jägerhaus
Alpsee Coaster
Rathofer Tobel
Mühltobel
Pionierhütte
Stadtwald
Gschwenderberg 1075
Rabennestalpe
Immenstädter Horn
Kanzel

Ganzjahresrodelbahn (längste Rodelbahn Dtl.)
Kletterwald Bärenfalle
Starketsgundalpe
Hüttenbichel
Homklause
Bierleinhütte
1489 Ingolstädter Hütte
Am Hörnl

Alter Hof-Alpe
Abenteuer Alpe
Roßhütte
Bergwachthütte
Kesselalpe
Hölzerne Kapelle

Rauhgrundalpe
Untere Kalle
Obere Kalle
Kleine Starketsgundalpe
1450
Gschwender Horn
1331
Alpe Alp
Auf der Alpe
Untere Wildengundalpe
Wintergatter 1095
Schatte

Schwingundalpe
Ochsenhofalpe
Wildengundalpe (verf.)
Wildschutzgebiet

Huberschwändle
Im Riemle
Eckhalde
Obere Gündelalpe
Jagdh.
Kemptener Naturfreundenhaus 1415
N

1491
Obere Eckalpe (verf.)
Gündelalpe (verf.)
Dreherberg 1430
1481 Am roten Kopf
Bergwachtstützpunkt
969 Ornach
Jagdhütte

Himmeleck 1487
Wildschutzgebiet
Roßhütte
Seifenmoosalpe
Almagmach
Mitt

Jagdhaus
Klause
Schupperköpfl 1293
Alpe Mittelberg 1368
Bärena 147

Alpe Untereck
Jagdhaus Ehrenschwang
Seewender
1275
1660
Steineberg 1683
vordere Krumbachalpe
Grathöflealpe

1502
Hintere Krumbachalpe
0 500m

06

Ufertour

Alpsee-Rundwanderweg
Um den größten Natursee des Allgäus

DAUER	3h 15min
LÄNGE	11,5 km
AUFSTIEG	200 hm
SCHWIERIGKEIT	LEICHT
MIT ÖFFIS ERREICHBAR	ja

Das erwartet dich ...

Eine geniale Rundwanderung um den Großen Alpsee im Allgäu. Auf der Südseite gehen wir über Gschwend am Hochufer entlang zur Sesselbahn Alpsee Bergwelt. Auf der anderen Seite über den Teufelssee am Ufer des Großen Alpsees zurück nach Immenstadt. In Immenstadt liegt das Naturparkzentrum Alpseehaus. Es informiert unter anderem über den Naturpark Nagelfluhkette, zu dem auch der Große Alpsee gehört.

Start & Ziel & Anreise

Bühl (Stadt Immenstadt), Bushaltestelle Bühl/B 308, Parkplatz an der B 308/Kirchsteige zur Seeseite. Mit dem Auto auf der B 19 von Kempten Richtung Oberstdorf bis nach Immenstadt im Allgäu. Am Abzweig zur B 308 nach Immenstadt fahren und auf der B 308 zum Stadtteil Bühl am Alpsee und zum Parkplatz. Mit der Bahn bis Bahnhof Immenstadt. Nach Immenstadt fahren zahlreiche Intercity- und Regionalzüge. Vom Bahnhof mit dem Bus, Linie 39, nach Bühl zur Haltestelle/B 308.

Tourenbeschreibung

Unser Genießerausflug beginnt an der Bushaltestelle in Bühl auf dem Gehweg der Rieder Steige. Nach rechts weist das Schild „Ergelweg n. Rieder" zu einem ansprechenden Wanderweg, der in ein paar Windungen über dem Alpsee zur Straße in Rieder führt. Dort gehen wir wenige Meter Richtung Gschwend und biegen dann rechts auf den Fahrweg von der Straße ab. Später zieht sich ein Pfad durch den Mischwald zum Wasserfall, der über zwei hohe Felsstufen in eine Tobelkerbe prasselt. Ein Treppenanstieg bringt uns nach Gschwend.

Das Sträßchen Richtung Hintersee verläuft nun an einer Kapelle vorbei zu einem Einödhof. Dort lenkt die Eisvogel-Markierung des Alpsee-Rundwanderwegs auf einen Feldweg. Beim nächsten Einzelanwesen beginnt ein Waldpfad, der in reizvoller Anlage über zwei Bachstege und Stufen hinunter zum Weiler Hintersee am Ende des Alpsees führt. Am Waldrand gehen wir links über die Wiese oberhalb der Bundesstraße und des Teufelssees nach Ratholz. Vor der B 308 halten wir uns links zum Landgasthof Jägerhaus und zur Talstation der Sesselbahn Alpsee Bergwelt.

Wir benutzen die Unterführung der B 308 zum Landgasthaus Jägerhaus. Über den Parkplatz erreichen wir den Wanderweg zur Brücke an der Konstanzer Ach. Am anderen Ufer nehmen wir rechts den Weg zur Bahnlinie und gehen an ihr entlang nach Trieblings. Am Bahnübergang wechseln wir die Bahnseite und schlendern auf dem Sträßchen über die Einöde Alpseewies zur Unterführung am Strandbad Hauser.

Wir gehen zur Seeseite und auf der stimmungsvollen Seepromenade zur Mündung der Konstanzer Ach in den See. Am Hafen Santa Maria Loreto kommen wir zur Seestraße und biegen rechts ein. Linker Hand liegt das Naturparkzentrum Alpseehaus. Kurz dahinter zweigt die Kirchsteige ab, die uns zu unserem Parkplatz zurückbringt. Wer etwas Zeit mitgebracht hat, kann das Alpseehaus besuchen und sich über den Naturpark Nagelfluhkette schlaumachen. Der Hochgrat ist mit seinen 1832 Meter Höhe der höchste der Gipfelkette, die zwischen der Weißach und der Gunzesrieder Ach Richtung Immenstadt und Sonthofen zur Iller hin abfällt.

Sonnenuntergang am Alpsee

1385
Schwarzenberg
1340
Hirschsprung
1164
Im Ried
Rubihorn
Kreben
Hof
Lochbach
Ochsenberg
1179
Felsendom
Kapf
Illerursprung
Explorer Hotel
Lochbachalpe
Auf der Nase
Greith
Wasach
Jehlefelsen
Schwande
Camping Oberstdorf
Schatthalde
Friedens-linde
Dort
Schwabenalpe
Falkenbergalpe
Lochwiesen
Tiefenbach bei Oberstdorf
Bergruh
Kurhotel Allgäuer Bergbad
Müll-deponie
Innerer Kehrgraber
Falkenbergalpe
1313
Winkel
Räppele
887
Jauchen
Kletterfels
855
Boxler (Kutschfah
Breitenloh
1359
Geißberg
1372
Weidach
Bachtel
Ebnath
Kurhaus Allgäuer
Walser-brücke
Dummels-moos
Käshüs
1050
In der Fluche
Ferlewang
Reine
Oib
Hotel Oberstdorf
Reute
Schlechtenbr.
Klausenkapelle
Oberstdorf
Traube
Dummelsmoos-brücke
Hüttenbühl
Mautstelle
Büchele
Winkel
Sanat. Stillachhaus
Tannhof
Schlechten
Villa Jauss
Mohren Heimatmuseum
Männle
ICO Skywalk
Schat Scha Audi-
Hochstatt
Kornauer Stuben
Kornau
914
Waldesruh
im
Kurhaus
Garni-Kappeler-Haus
Z.W.
Sesselalpe
1050
Kajak-Einstieg
Breitachklamm (Bergschau-Zentr.)
Mittwänden
Mösersche
Möser-brücke
813
901
Oybele-Halle
Kienberg
Buchwald
Dornachalpe
Sessel
19
977
Heimspitze
Karatsbichl
Moorbad
Wild-ruhegebiet im Winter
1292
Moosalpe
1282
Ochsen-moos
Bergkristall
St. Loretto
Dienersberg
901
Jäger-stand
Engehkopf
Zwingsteg
Kasse 2
Freibergsee
Ziegelbachbrücke
Unterer Renksteg
Kinderheim
Alpe Hinter der Enge
910
Klammstüble
991
Höllwieslift (außer Betr.)
Ziegelbachhütte
933
Freiberghöhe
Seeblick
Hinterenge
Ochsenhöfle
1288
Hubertes Schwand
Freiberg
984
Am Ried
Müllers Alpe
Söllis Kugelrennen
Schönblick
Kletterwald Söllereck
Schartenkopf
1278
Strandcafé Bergschau-Info
Zimmerei-brücke
Fuchsloch-alpe
Sattelkopf
1422
Freibergsee
Waldhaus
Waldhaus-brücke
1039
Wald
Berghaus am Söller
1345
Rollerbahn
Heini Klopfer Skiflugschanze
Schloss-wies
Burgstall
201
Alpe Schrattenwang
1402
1445
Hochleite
1185
Hochleite
Dr.Schonzewiert
Walser Älpele
1344
1706
Hochleite
Schwand
Himmelschrofenalpe (verf.)
Schwand
Mittelalp
1350
Sölleralpe
1522
Schwand
Stunden-stein
1673
1791
(Alpsennerei)
Innerwesteggalpe
1925
Söllerkopf
1940
NSG
Ringang
1022
Wild-fütterung
St. Wendelinkapelle
Vordere Ringersgundalpe (verf.)
Wild-ruhegebiet im Winter
1968
Alpe Schlappold
1358
Laiter
1776
Klupper
Hintere Ringersgundal (verf.)
NSG
Schlappoldsee
Schlappold-höfle
Ebene Fellhorn-stuben
Kesselgrat
Hinterberg
Fellhorn-Gipfelstation
2038
Restaurant Fellhorn
Fellh.-Gipfelb.
1780
s'Urbar
Fellhornbahn I
Fellhornbahn II
Faistenoy
Anatswald
Vorderer Wild
1967
Bergwachthütte
NSG
Schwendhütte
1548
Kanzelwandhaus (Naturfreundehaus)
Diensthütte
1269
Stollen
Brandrücken
Obere Bierenwang-alpe
1737
Möseralpe
stündl. Busverbindung (saisonal)

0 500m

Panoramatour 07

Söllereck und Freibergsee

Fantastische Ausblicke auf Oberstdorf und die umliegenden Gipfel

DAUER	2h 45min
LÄNGE	8 km
AUFSTIEG	162 hm
SCHWIERIGKEIT	LEICHT
MIT ÖFFIS ERREICHBAR	ja

Das erwartet dich ...

Die perfekte Wanderung an einem heißen Sommertag! Hinauf mit der Bergbahn zum Berghaus Söllereck auf 1400 Meter und über den Sattelkopf durch Schatten spendenden Wald zum Freibergersee, ein erfrischender Badesee auf rund 900 Meter Höhe. Wenn wir Mitte September in Oberstdorf weilen, können wir den Alpabtrieb miterleben. Nach rund 100 Tagen auf Bergeshöh' beginnt der Alpabtrieb, dessen Höhepunkt die Viehscheide in Oberstdorf und Schöllang ist.

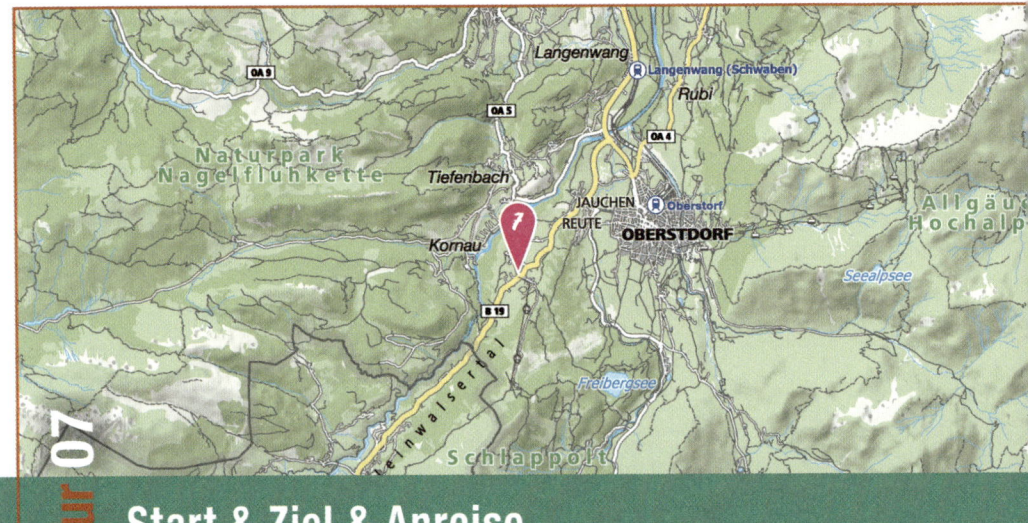

Start & Ziel & Anreise

Parkplätze und Bushaltestelle an der Talstation Söllereckbahn neben der B19 zwischen Oberstdorf und der Landesgrenze. Talstation 980 m/Bergstation 1358 m. Mit dem Auto auf der B19 von Kempten Richtung Oberstdorf. Vor Oberstdorf weiter auf der B19 zur Landesgrenze abbiegen und zu den Parkplätzen an der Talstation der Söllereckbahn fahren. Mit der Bahn zum Bahnhof Oberstdorf, z.B. mit dem IC2084 von Augsburg oder mit dem Regionalexpress RE76 von München nach Oberstdorf. Dort umsteigen in den Bus der Linie 1 zur Söllereckbahn.

Tourenbeschreibung

Einen schweißtreibenden Aufstieg erspart uns die Söllereckbahn, mit der wir bereits in luftige Höhe schweben. Bei der Bergstation wandern wir geradeaus bergauf der Wegmarkierung „Freibergsee/Hochleite" folgend am „Berghaus am Söller" vorbei und weiterhin geradeaus ansteigend zum Hühnermoos, einem Flachmoor, durch das ein Bohlenweg leitet. Bis zum Sattelkopf mit schönen Ausblicken auf Oberstdorf mit seinen Gebirgstälern und umliegenden Gipfeln geht es noch bergauf. Danach senkt sich der Wanderweg zuerst durch Wald, später über freie Flächen abwärts. Beim Berggasthof Hochleite hoch über dem Stillachtal können wir schon mal eine Brotzeit einlegen.

Anschließend gehen wir auf den scharf nach links abzweigenden Pfad, bezeichnet mit „Freibergsee, steiler Abstieg". Anfangs alles andere als steil führt er durch Fichtenwald und kleine Bergwiesen. Aber dann geht es doch noch los, wirklich steil hinunter über unzählige Stufen bis auf Höhe des Freiberg-sees. Hier wenden wir uns nach links Richtung Naturbad Freibergsee. Den kleinen Abstecher zum Schluss rechts hinunter direkt zum tannengrünen Wasser des größten Allgäuer Hochgebirgssees lassen wir uns nicht entgehen, belohnt mit einer Erfrischung im Restaurant. Beeindruckend ragt hier der Anlaufturm der bekannten Heini-Klopfer-Skisprungschanze über den Wäldern des Freibergsees empor.

Nach einer Erfrischung im kühlen Nass oder im herrlich gelegenen Strandcafé gehen wir die Abstecher-Etappe zurück und dort nach rechts auf den Edmund-Probst-Weg. Als Naturlehrpfad angelegt hält dieser zahlreiche Informationen bereit und steigt gemächlich durch Mischwald an. Der breite Forstweg lässt freie Durchblicke auf Oberstdorf sowie seine umliegenden Täler und Berge zu. Vorbei am Naturfreundehaus Freibergsee kommt als nächste Anlaufstelle der Berggasthof Bergkristall. Lediglich 15 Gehminuten auf Asphaltsträßchen sind noch bis zur Talstation der Söllereckbahn zurückzulegen.

Der Freibergsee mit dem Gaisalp- und Rubihorn sowie dem Grünten im Hintergrund

Bischofsmann
1653
1403
Stuiben-Sennalpe
Stuibenalpe
Höfer See
Ruhegebiet
Höfersee-Alpele
im Winter
Schutzhütte
Jhtt.
Auf den Schlägen
1534
Zipfelsalpe
1782
Melk
Jhtt.
Dresenberg
1998
B'schießer
(Bscheißer)
2045
Ponten
1990
Rohnenspitze
Rohnenschrofen
Alpele
1526
Bei den Brunnen
1830
Stuibenkopf
Zipfelschrofen
Zipfelsbach-Wasserfall
Güntle
Bergwachthütte
1872
Zirleseck
Schnurschrofen
Alpelestal
1900
Naturbad
Prinze-Gumpe
Bergblick
Hinterstein
866
Wadenwände
Bachholz
Köpfle
Auf der Höh
Wildfräuleinstein
Willersalpe
1459
1444
Feldalpe
Zererköpfle
1946
Feldalpe
Museum
Wechs
Hotel Grüner Hut
Auf den Sätzen
Auf der Höhe
Linienbusverkehr
Hinterstein-Giebelhaus
Vogelholz
1703
Älpele
Gaiseck
2212
2247
Gaishorn
Im Schlauchen
In den
Wolfsgruben
Berggrundalpe
Elperberg
Hinterbachhof
1898
Gerenkopf
Gaiseckjoch
2088
Hölle
953
Konstanzer
Jägerhaus
940
Schwarztaufen
Gernalpe
(verfallen)
Vorsäßwiesen
Eckschrofen
Rappenschrofen
Auelesgasse
Auelesawände
Taufersberg
2241
Rauhhorn
Schäferkopf
1793
Schäferhütte
Vilsalpe
1178
Eckalpe
1445
Auf der Schneid
Möslealpe
1133
Auelesbrücke
Mittagspitz
1682
Im Gries
Alphütte
Auf der Scheid
Eisenbreche
Taufersalpe
(verf.)
Auelesgern
1965
Hintere
Schafwanne
Untere
Nickenalpe
Aussichtskanzel
Naturdenkmal
2126
Kugelhorn
Bargacht
1304
Erzberggern
Die Seuchen
Auf dem Falken
Knappenkopf
1555
Mittlere Nickenalpe
(verf.)
Auf dem
schönen Bichl
Auf den Gattern
Vorderer
Erzberghof
1066
1905
Schreckenhütte
(verf.)
1764
Bergacht-Wasserfall
2071
1600
Alpsee
Ortwanger
Berg
1735
Im Ober-
gattern
Rastwald
Auf der Rast
Im Älpele
Älpelekopf
2024
1813
Kirchendachsattel
1927
Schrecksee
Kirchendach
2013
Hubertuskapelle
Hinterer Erzberghof
Im Unter-
Remsgern
Erzeck
In der Schiene
Kastenkopf
Oberer
Schwarzenberg
In der Klei
Schienenhütte
1611
Schreckenjöchle
Lahnerkopf
2129
2135
Kälbelespitze
2000
Kalbleggspitze
1988
Lahnerscharte
Hochwalderkar
Schwarzenberghütte
1380
Unterer
Schwarzenberg
Huferhütte
Linienbusverkehr
Hinterstein-Giebelhaus
Mitterhof
1399
2122
Hinterkar
Roßkopf
1823
1973
Hintersteiner Tal
Ostrach
Ochsengern
2052
Mitterkar
Giebelhaus
(Unfallmeldestelle)
1068
Schänzlespitze
1913
Im Karle
1709
Sattelhütte
Im Schänzle
1651
Alphütte
Notlend
2070
Schänzlekopf
1808
Notlendalpe
Branntweintal
1581
Lehnerhütte
Oberschrattenberg
2021
Sattelkopf
2097
Lehnerwald
Hochwa
Täschlefall
Täschlegraben
Branntweintalhütte
1948
Feldalpe
1746
Lochertsgund
Untere Lichtalpe
1185
Reitgehrenbach
0
500 m

08

Gipfeltour

Verschwiegenes Gipfelreich

Durch das Hintersteiner Tal zum Lahnerkopf und Kastenkopf

DAUER	8h 45min
LÄNGE	18,5 km
AUFSTIEG	1412 hm
SCHWIERIGKEIT	SCHWER
MIT ÖFFIS ERREICHBAR	ja

Das erwartet dich ...

Eine Wanderung die etwas Ausdauer erfordert im Hintersteiner Tal entlang der Ostrach hinauf zum Schrecksee unterhalb des Lahnerkopfs und des Kastenkopfs. Die längeren zum Teil steilen Anstiege sind meist markiert; mit einer gesicherten ausgesetzten Passage. Vom Lahnerkopf blicken wir über die Gipfel der Allgäuer Alpen bis zum Nebelhorn. Der Weg führt durch das Naturschutzgebiet Allgäuer Hochalpen an die Grenze zu Österreich.

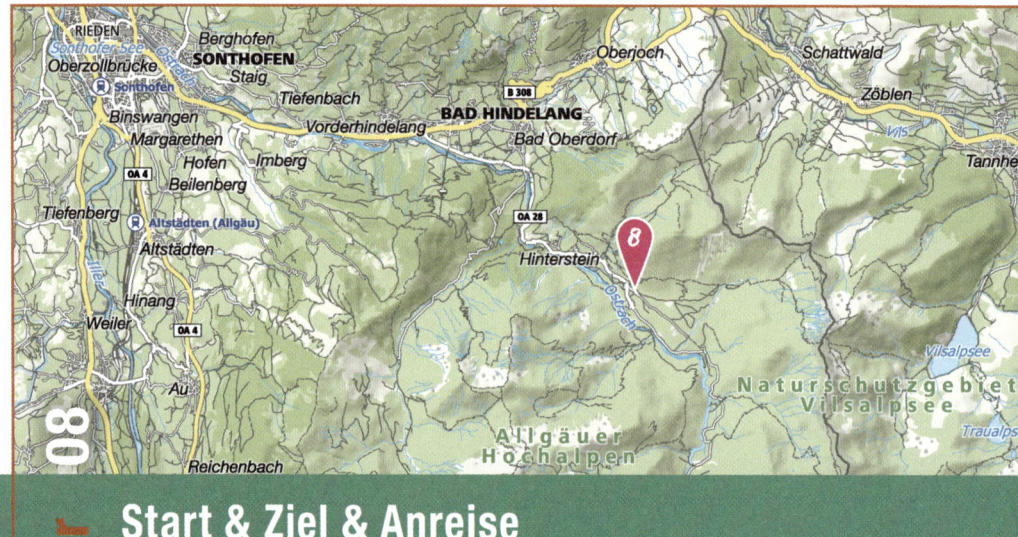

Start & Ziel & Anreise

Hinterstein (Gemeinde Bad Hindelang), Bushaltestelle Hinterstein/Grüner Hut beim Hotel Grüner Hut, 866 m; Parkplatz am Ortsende. Mit dem Auto auf der B 19 nach Sonthofen. Dort auf die B 308 abbiegen Richtung Bad Hindelang. Hinter Vorderhindelang auf die Kreisstraße OA 28 nach Hinterstein. Mit der Bahn nach Sonthofen. Vom Bahnhof Sonthofen mit dem Bus, Linie 49, zur Haltestelle Hinterstein/Grüner Hut.

Tourenbeschreibung

Als Ausgangspunkt für den außergewöhnlich schönen Aufstieg zu den zwei selten besuchten Gestalten im Allgäuer Hauptkamm wählen wir die Kapelle im Hinterdorf von Hinterstein. Den Wegweiser „Giebelhaus-Fußweg" beachtend nimmt uns am Straßenende ein taleinwärtsführender Alpweg auf. Über die buckligen Weideböden steigt die Route leicht an. Sanft fallend geht es über die Willersbachbrücke. Der Weg mündet in die Giebelhausstraße und wir wandern durch Wald zum Gasthof Konstanzer Jägerhaus; hier hält auch der Bus.

Bald kommen wir an einem Brünnele vorbei und hören bereits das Rauschen der Ostrach in der Eisenbreche Klamm. Nach kleinem Gefälle lenkt beim Kraftwerk Auele das Schild „Schrecksee" auf einen Steig, der am Fuß des Rauhhorns einen kleinen Weidehang überwindet und später durch steilen, lockeren Fichtenwald zum Speichersee des Wasserkraftwerkes Auele seinen Tribut fordert.

In mäßiger Steigung erreichen wir die verfallene Taufersalpe. Der Weg folgt der Materialseilbahn zu einem Bachsteg. Jetzt steigt der Weg steiler an und quert im Linksbogen die Zuläufe zum Taufersbach. Dann geht es über Kehren zu einer teils latschenbewachsen und mit einer ausgesetzten, seilgesicherten Passage aufwartende Felsbarriere. An der unteren Karschwelle setzen gemütliche Grashänge an. Dort liegt die Schreckenalpe. Zum See hinauf gehen wir an der Abzweigung geradeaus. Eingebettet hinter der oberen Karschwelle schimmert nun der mit einer Insel geschmückte Schrecksee.

An der Wegekreuzung vor dem See wählen wir den Weg halb links, der leicht ansteigend am Ostufer hinaufführt und unterhalb des Kastenkopfs auf den Jubiläumsweg trifft. Hier steigen wir über Grashänge rechts in einem Bogen zur Lahnerscharte auf 1988 Meter hinauf. Die Scharte liegt an der Grenze zu Österreich.

Der weglose Gipfelhang zum rechtsseitig aufragenden Lahnerkopf, 2121 Meter, mit beeindruckender Schau heizt nochmals ein. Zurück in der Lahnerscharte leitet uns ein Steiglein über geröllduchsetzte Grashänge ohne große Anstrengung auf den 2129 Meter hohen Kastenkopf. Auf gleichem Wege wandern wir zurück nach Hinterstein.

Eine Gämse an der Klippe im Naturschutzgebiet der Allgäuer Hochalpen

714 + Wenglings
Halde
Ruine Neuenburg
Waldschänke
Sinkmoos
Duracher Moos

Feuerschwenden
980
136
Dreieck Allgäu
Langeneckbach
Außerfernbahn
Bodelsberg 896
964 ·

Sparenberg
775
Eizisried
Schwarzenbach
Jodbad Sulzbrunn
309
Bruckmoos
Stellenmoos

Bittris
Unterthannen
Nägelried
800
Schlechtenberg
7
E532
Wieshof
Oberzo

Hofstetten
Kreislehrgarten
Sulzberg
Ried bei Sulzberg
Sulzberger Hölzer
Sulzbrunn ehem. Jodbad
Büchelesstein
Zollhaus-Petersthal

Thal · 765
Gund
Seebach
Gsellen
Oberminderdorf
Aleuthe
Unter'm Buch
Reitermoos
NSG Rottachmoos

Eigen
Steingaden
Köblut
Höll
Hasenried
Auf'm Buch
Kesselsee
Josereüte
Lichtenm

Pfaffenried
Sulzberg 712
Haberreute
Hinter'm Buch
Untergassen
800
Rottach

Ruine Sulzberg
Wies
Schnitzen
Eulen
Waxenegg
Wassersport-Sperrzone
Gschwend
Haag

Mühlenried
Reisach
Wachsenegg
Stiller Winkel
Bisseroy

Straß
Oberkenels
Greuth
Oberthannen
Untermoos
Steinkreuz-Findling
Wasserwacht
Bruder-Klaus-Kapelle
Mariengrotte mit Kreuzweg
Schicken
Memersch

Keltische Fliehburg
Kohlenberg Steinach
Winkel
Wasserwacht
1099

Albis
Waitzis
Geigers Gasthof zum Engel
Grotte
Freizeitanlage
Feld
Pestfriedhof
Wiesen
Hochgebirgsklinik Mittelberg

Moosbach
9
Wasserwacht
Petersthal 872
Burgkranzegg

Raichen
Slipanlage
Slipanlage
Löwen
1150

Wengen
Öschle
Rukatstobel 859
Ruine Tobelweg Alphütte
Burgkranzegger Horn

Kuhsteg
Greifenmühle
Ried
Mitbühl
Köllen
Binzen
Schray

Rottachdurchbruch
Rieder
Uttenbühl
Gerats
Vorderholz
Schwanden
Elleghöhe
1136
Oberelleg
Alpenblick
Hinter-schneid
Kolpinghe

Mittelholz
Hinterholz
Elleghöhe
Unterelleg
Vorder-

894
Morgen
Batzers
Binzeler
Gereute
Wertacher Mühle
Schießbachtobel

Acker
Keller
Bitterlis
Buchenbergalpe
Campingplatz Waldesruh
0   500 m

Dreifaltigkeitskapelle
Wertach 915
Stockatanne
Hammerschmiede
Heimatmuseum
St. Sebastian

09

Ufertour

Allgäuer Seenland

Die beliebte Rottachseeumrundung

DAUER	3h 45min
LÄNGE	14,4 km
AUFSTIEG	120 hm
SCHWIERIGKEIT	LEICHT
MIT ÖFFIS ERREICHBAR	nein

Das erwartet dich ...

Eine Rundwanderung auf dem Rottachsee-Rundweg im Allgäuer Seenland süd-lich von Kempten. Der Rottachsee ist einer der jüngsten Stauseen Bayerns und ein beliebtes Wasserparadies für Schwimmer, Segler, Surfer, Taucher und auch Angler. Rund um den See gibt es am Ufer weiträumige Freizeitanlagen mit Sanitätseinrichtungen, von denen es flach ins Wasser geht.

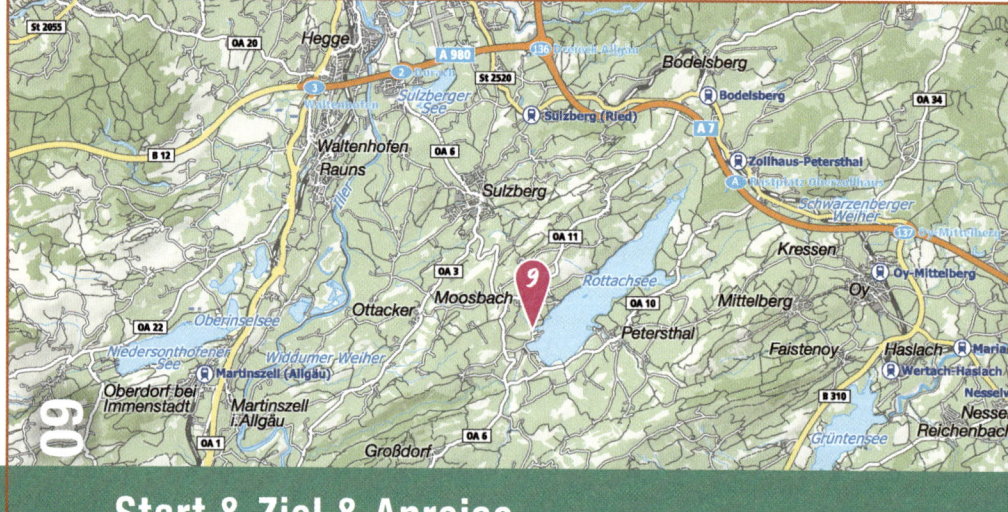

Start & Ziel & Anreise

Sulzberg-Moosbach, Parkplatz Langschwander Weg am Segelplatz der Segel- und Surfgemeinschaft Moosbach. Mit dem Auto auf der BAB A 7 Memmingen–Füssen bis zum Dreieck Allgäu. Dort auf die BAB A 980 bis zur Ausfahrt 2 Durach und Richtung Sulzberg abbiegen. Von Sulzberg nach Moosbach in den Langschwander Weg zum Parkplatz der Segelgemeinschaft am Rottachsee.

Tourenbeschreibung

Vom Parkplatz führt der Weg zum Kiosk am Spielplatz hinauf und rechts als Uferweg zur Rottachstraße. Nach rechts führt die Straße an Gebäuden vorbei und wird zu einem schönen Wanderweg. Hier zweigt ein Weg links zur Mariengrotte ab.

Schöne Ausblicke gewährt uns der Rottachsee-Rundweg über den See, führt uns am Ufer entlang und im Linksbogen an eine Brücke. Scharf rechts gehen wir auf dem mit Bäumen gesäumten Damm um den kleinen Teich herum. Den See zur Rechten und die Häuser von Untermoos zur Linken erreichen wir den Abzweig nach Untermoos. Wir gehen rechts durch den kleinen Wald und am Wegedreieck geradeaus über Wiesen und durch kleine Bauminseln. Mehrmals geht es am Ufer geringfügig auf und ab in den Stillen Winkel.

Der See schnürt sich immer mehr zusammen und beim Brut- und Laichgebiet (Betretungsverbot) schwenkt er links ab und steigt über einen Wiesenhang auf. Dort nach rechts auf einen Querweg, der am Waldrand entlang zu einer Linkskurve führt. Nun zeigen sich etliche interessante Nagelfluh-Findlinge, doch der schönste, der Büchelesstein, steht rechts des Weges bei einer Hütte. An der nördlichsten Stelle der Rundwanderung, vor der Autobahn, knickt der Weg rechts ab Richtung Josereute. Kurz vor der Hochspannungsleitung wird der höchste Punkt der Rundwanderung erreicht. Bei der Stromleitung heißt es nun rechts abbiegen und am Waldrand erneut rechts. Gleich schwenken wir links ein, gehen durch das Wäldchen, um dann scharf rechts abfallend das Seeufer zu erreichen. Die Route verläuft am Ufer zum Ableger des Rottachsees, einem kleinen Badesee. Dort gibt es einen Kiosk.

Der Seerundweg führt auf dem Damm über eine kurze Brücke an das ausgedehnte Bade- und Erholungsgelände Petersthal.

Nach der Wasserwachtstation und dem Kiosk knickt der Weg rechts ab, dann erneut rechts, um durch den Uferwald die Kreisstraße zu erreichen. Bald verlässt er die Straße wieder und führt zur Aussichtsplattform und zum Staudamm des Rottachsees hinab. Wir gehen über den Damm und am Ende rechts in den Langschwander Weg zum Ausgangspunkt am Parkplatz zurück.

Wer die schwäbische Schmankerlküche mag, sollte beim Gasthof Zum Engel in Moosbach bei der Kirche reinschauen, ein Landgasthof zum Wohlfühlen.

Autoren Tipp

Auf dem Rathausplatz in Kempten ist – wie der Name schon sagt – das Rathaus bestimmend. Das mittelalterliche Bauwerk verleiht dem Platz sein historisches Flair. Weitaus ältere Zeitgeschichte wird im Archäologischen Park Cambodunum lebendig. Das Freilichtmuseum an der B 19 präsentiert Zeugnisse der einstigen Römerstadt Cambodunum. Die Erasmuskapelle zählt zu den meistbesuchten Sehenswürdigkeiten in Kempten. 23 Stufen führen vom St.-Mang-Platz hinab in den unterirdischen Schauraum. In einer mitreißenden Multivisionsshow werden fast acht Jahrhunderte Stadtgeschichte dargestellt.

Lengenwang
806
Obermühle
Untermühle

Bichel
Hennen-
schwang

Reuthe

Greit

Weg

Kirchthale

Rafmanns
Rippach

Fehneberg

Luttenried

838

Moos

820

Tannenbichel

Klosterhof

Pflaubaumen

Frödenberg

Engelbolz

Enisried

Hochstraß

Kirchthal

Weihermoos

Eiterberg

Stinker-
moos

Obermühle

Aleuthen

Albats-
ried

St. Rochus

Biedings

Biedinger
Weiher

Hitzlerried

Lobach

Holzleuten

Stadels

Treffisried

Knobel
863

Ostermoos

836

Laich

Burk

Grundwhr.

Trollen

Trollwhr

Schmieden-
brunnen

Kälberbühel
859

Schleihsee-
moos

Ried

Ober-
prost

880

Luimooser
Weiher

Luimoos

Seeweiler

Seeger
Seen

Moorbf.

Otten

879

Marien-
grotte

Rückholz

Batzengschwenden

Luimoosmühle

Allgäuer
Hof

860

Seeg
854

Riedegg

Wiesleuten

Wiesleutener
Moos

Guggemoosen

Schlosshof

Schwaltenmühle

Schwalten

Panorama

Heimatmuseum

Schlössberg

Goldhasen

Schwalten-
weiher

See-
leuten

Ferdinandshöhe
Amberg

Auf'mberg

Felben

Zeil

chegg
854

Hack

Neuweiher

Unteres
Moos

Berkmühle

Dederles

Anwanden

Straß

Oberes Moos

Rennbothen
Unter-
reuten

Bach

Jagdberg

Enzenstetten

Brandstatt

Roßfallen

Goimenen
Unterhalden

900

Gsöllen

Talbrücke
Enzenstetten

Oberreuten

Baumgarten

Tannenmühle

Oberdill

Schweinegg
(Seeger)

Hollen

Schwarzenbach

Lieben

Weizern

Unterdl.

Kögelweiher

Kögel
Kögelhof
Oberdolden

Buchwald

996

935

Weizern-
Hopferau

Schloss
zu Hopferau

800

Hummel

Schweinegger W.

Ruine
Hohen-Freyberg
1041

Drachenköpfe

Gockel-
wirt

Schweinegg
(Zeller)

Schlossweiher

Ruine Eisenberg

Schlossberg

Schlossbergalm
1000

Speiden

Stockach

Osterreuten

Rehbichel

Eisenberg

0   500m

Genusstour 10

5-Seen-Runde

Seeg, ein Dorf, in dem Milch und Honig fließen

DAUER	3h 15min
LÄNGE	12 km
AUFSTIEG	170 hm
SCHWIERIGKEIT	LEICHT
MIT ÖFFIS ERREICHBAR	ja

Das erwartet dich ...

Eine Rundwanderung die in einem Dorf beginnt, in dem Milch und Honig fließen. Besonderes Highlight im Honigdorf Seeg ist die Erlebnisimkerei mit Schaubienenhaus. Immer wieder faszinieren auf der Wanderung die Ausblicke über die Seen, hinauf zu den Gipfeln der Allgäuer Alpen. Seeg gehört zum Allgäuer Erlebnisraum „Schlosspark", der sich von Kaufbeuren über Marktoberdorf bis nach Füssen erstreckt.

Start & Ziel & Anreise

Seeg, Ortsmitte beim Heimatmuseum, Parkplatz beim Bienenhaus im Staudenweg. Mit dem Auto auf der BAB A7 Memmingen–Füssen bis zur Ausfahrt 138 Nesselwang. Richtung Nesselwang fahren und dann bei Lachen links nach Seeg abbiegen. An der Nesselwanger Straße nach Seeg hinein direkt zum Heimatmuseum.Mit der Bayerischen Regionalbahn RB68 von München nach Füssen, oder mit der RB77 von Augsburg nach Füssen bis zum Bahnhof Seeg. Von dort zu Fuß etwa 15 Minuten zum Heimatmuseum.

Tourenbeschreibung

Die Wanderung beginnt in Seeg am Staudenweg, beim Parkplatz der Erlebnisimkerei und des Heimatmuseums. Von ihm auf der Hauptstraße ein wenig hinab, links auf die Nesselwanger Straße einbiegen und gleich hinter dem Heimatmuseum wieder links, um dem Wegweiser nach Seeleuten zu folgen. Auf einem Feldweg geht es schön gemütlich aus Seeg hinaus über die Liftspur und unter der Hochspannungsleitung durch zum Aussichtspavillon auf der Ferdinandshöhe (wenige Meter links vom Weg). Hier haben wir einen schönen Blick auf das Südliche Allgäu und die Alpenkette. Eine Panoramatafel veranschaulicht das Panorama.

Zurück zum Weg und links durch Wald und über Weidewiesen nach Seeleuten. Kurz vor Seeleuten stößt der Rundweg auf eine Asphaltstraße, biegt auf sie rechts ein und führt durch den Weiler hinunter nach Schwalten am Schwaltenweiher. Unter dem ehemaligen Seehotel Schwalten queren wir die Straße schräg nach links, am Haus ebenfalls links und am Spielplatz wieder links zum Seeufer. Der Weg folgt dem Ufer in einem Linksbogen und dann dem Querweg nach rechts über das Schwaltenmoor. Wir schwenken am Kiessträßchen rechts ein. Eine schöne Kapelle liegt am Weg kurz vor dem oberen Ortsteil von Goldhasen. Bei den Häusern rechts nach Goldhasen abbiegen. Gleich hinter dem Ort erreichen wir die Seeterrasse Goldhasen mit super Aussicht auf den Schwaltenweiher.

Kurz danach sind wir an der Kreisstraße und gehen am Allgäuer Hof vorbei bis an den nach Luimoos beschilderten Fahrweg. Diesem biegen wir links ein und kommen nach der Mühle und dem Weiler Luimoos zum Luimooser Weiher. Wir gehen an der kleinen Badestelle vorbei Richtung Trollweiher. Kurz vor dem Weiher biegen wir gleich zweimal rechts ab und gehen über lange freie Wiesen mit schönem Alpenpanorama. Beim Wegedreieck halten wir uns erneut rechts und erreichen Seeweiler.

Am Ortseingang rechts und am Ortsende zweimal links abbiegen. Neben der Kapelle St. Johannes und Paul gehen wir aus Seeweiler hinaus. Unter dem Kälberbühel bei der Hausnummer 20 verlassen wir den Asphaltweg und gehen auf einem Feldweg in großem Abstand am nördlichen Seeger See vorbei. Bei einem Heustadel endet der Kiesweg. Wir halten uns rechts Richtung Seeg, wieder in gebührenden Abstand zu den beiden Seeger Seen und gehen über die Brücke der Kreisstraße zur Kirche von Seeg. Vom Kirchplatz nun zur Hauptstraße und rechts zum Heimatmuseum und unserem Ausgangspunkt.

Der Schwaltenweiher mit den Ammergauer Alpen im Hintergrund

Geisenhofen

12

Kühberg · 766

Weiß

Hausen

781

780

Ölmül

ENNENHOFEN

Galgenberg

BERTOLDS-
HOFEN

Königswirt

Weibletshofen

Ferienwohnung Rößle

MARKT-
OBERDORF

758

472

Burk

THALHOFEN
an der Wertach

729

Lindenallee

790

Das Weitblick Allgäu

720

Luitpoldhöhe

777

16

Tannenteich

756

Schweinberg

Öd-

wiesen

Hochwies-
wald

Finkenbühl

Hellesberg

768

Ettwiesen

KOHLHUNDEN

Heiland

FECHSEN

Römerbad

Ettwiesenweiher

Klette am Ette

11

Kuhstallwhn

RIEDER

Osterried

764

16

Ellenberg

enwirt

789

Ellenberg

Viehweidmoos

Weißen

Kühemoos

Bruckmoos

Vogl-
weiher

Wickerberg

Hummerats-

ried

Baldauf-
weiher

Balteratsried

Schmied's
Wies

SULZSCHNEID

791

Jhtt.

Kippachmoos

Wester-

moos

Ochsenstall

Hüttenbichel

814

Sibillenberg

0   500m

Außerlengenwang

Sigratsbold

Kröbelwald

Kröbel-
bauer

Römerwege in Kohlhunden

Rund um die größte römische Villenanlage des Allgäus

Genusstour 11

DAUER	3h
LÄNGE	10,7 km
AUFSTIEG	180 hm
SCHWIERIGKEIT	LEICHT
MIT ÖFFIS ERREICHBAR	ja

Das erwartet dich ...

Die beiden Rundwanderungen Terra Nostra I und Terra Nostra II sind nicht besonders lang und anstrengend, sodass sie sich gut verbinden lassen. Der Weg Terra Nostra I führt als Lehrpfad um den Ettwieser Weiher, der Terra Nostra II durch den Hochwieswald zum Pestfriedhof. Am Kuhstallweiher liegt das Römerbad, Teil eines römischen Landgutes, das als größte Villenanlage des Allgäus gilt.

Genusstour 11

Start & Ziel & Anreise

Marktoberdorf-Kohlhunden, Parkplatz beim Kuhstallweiher. Mit dem Auto auf der B 12 von Kaufbeuren oder aus Kempten nach Marktoberdorf fahren. Dort Richtung Füssen und von der B 16 zur St 2008 nach Kohlhunden abbiegen. Im Ort rechts zum Kuhstallweiher. Mit der Bayerischen Regionalbahn RB68 und RB77 nach Marktoberdorf. Am Bahnhof Marktoberdorf umsteigen in den Bus, Linie 52, zur Haltestelle Kohlhunden. Etwa 10 Gehminuten bis zum Kuhstallweiher.

Tourenbeschreibung

Wir beginnen die Wanderung am Parkplatz beim Kuhstallweiher in Kohlhunden. Von dort auf dem Sträßchen der Beschilderung des Wanderwegs Terra Nostra I rund um den Ettwieser Weiher folgen. Am Weg, für Kinder ist es der Klobunzeleweg, für Erwachsene der Terra Nostra Weg, gibt es 11 Stationen mit Informationstafeln zu kulturhistorischen und geologischen Besonderheiten rund um den Ettwieser Weiher.

Schon nach ein paar Minuten kann man nach rechts zum Römerbad abzweigen. Es ist Teil eines römischen Landgutes, das als größte Villenanlage des Allgäus gilt. Auf dem weitläufigen Gelände befindet sich der moderne verglaste Schutzbau mit den Mauerresten des Römerbades.

Anschließend gehen wir nach Kohlhunden und sehen rechter Hand die Marienkapelle. Vor der Haltestelle wenden wir uns auf den Weg zum Weiler Ettwiesen, wo wir links abbiegen und auf den Parkplatz am Badestrand zugehen. Wir folgen dem Sträßchen zum Parkplatz „Am Kindle" und gehen die Stufen zur Kindle-Kapelle hinauf.

Gleich hinter der Kapelle verzweigt sich der Weg. Dort halten wir uns links und am nächsten Weg, an der Station 8 des Themenweges, wiederum links auf den Fahrweg durch den Wald zurück nach Kohlhunden. Am Ausgangspunkt kann man die Wanderung beenden, oder man legt noch eine drauf, denn auch der Abschnitt II des Wanderwegs Terra Nostra lässt sich noch leicht schaffen.

Dazu am Ende des Parkplatzes links zum Ostufer des Kuhstallweihers gehen und an ihm entlang bis zu einem Fahrweg mit Wegweiser nach Marktoberdorf. Jetzt in den Wald hinein. Der Rundweg knickt scharf nach links ab und beschreibt einen Rechtsbogen. Wir bleiben auf dem Weg und folgen ihm durch eine Linkskurve an den Waldrand. Geradeaus liegt der historische Pestfriedhof, ein Andenken aus der dunkelsten Zeit des Mittelalters.

Wir biegen rechts ab und gelangen an den Wanderparkplatz „Hochwies Wald" an der B 16. Wir wechseln die Straßenseite und gehen über die Wiese zum Asphaltsträßchen „Alte Rieder Straße". Richtung Rieder gehen wir über einen breiten Bergrücken, auf dem sich ein großartiges Alpenpanorama öffnet.

In Rieder halten wir uns nach rechts in die Bergstraße, queren noch einmal die B 16 und gehen auf die Kirche St. Joseph zu. Beim Dorfteich wenden wir uns nach rechts und gleich wieder rechts, um dann auf dem Weiherweg aus dem Dorf zu wandern. Dann geht es noch durch den Wald und wir sind zurück am Kuhstallweiher, unserem Ausgangspunkt.

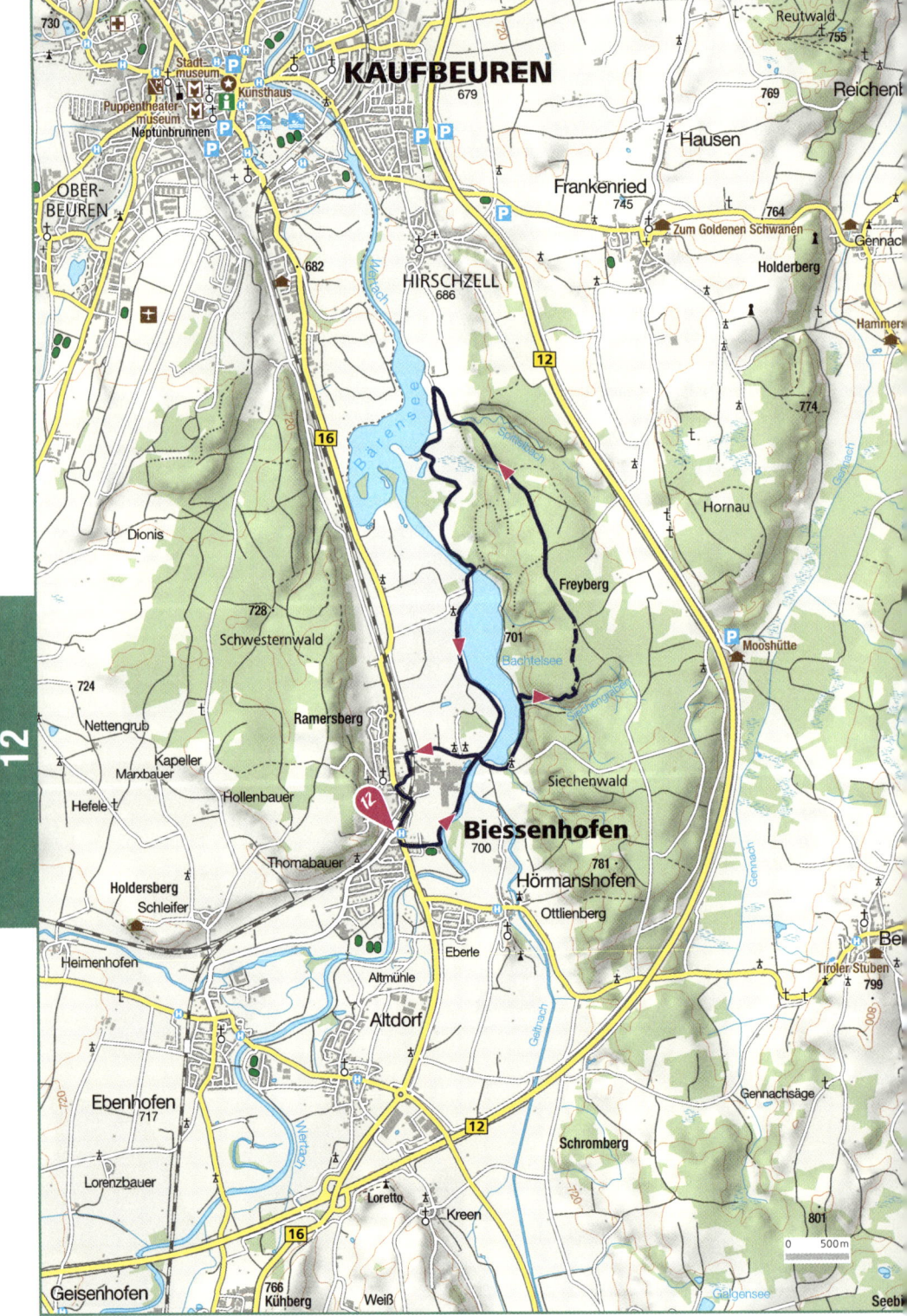

Flusstour 12

Wertach bei Biessenhofen

Von der gezähmten Wertach über den Freyberg

DAUER	2h 45min
LÄNGE	10,4 km
AUFSTIEG	100 hm
SCHWIERIGKEIT	LEICHT
MIT ÖFFIS ERREICHBAR	ja

Das erwartet dich ...

Eine Rundwanderung über den bewaldeten 754 Meter hohen Freyberg zum Bärensee und Bachtelsee an der Wertach. Die Wertach, die ihr Quellgebiet bei Hindelang hat, wird ab Marktoberdorf gezähmt, ein Stausee reiht sich an den nächsten, wie auch der Bachtelsee und der Bärensee Stauseen sind.

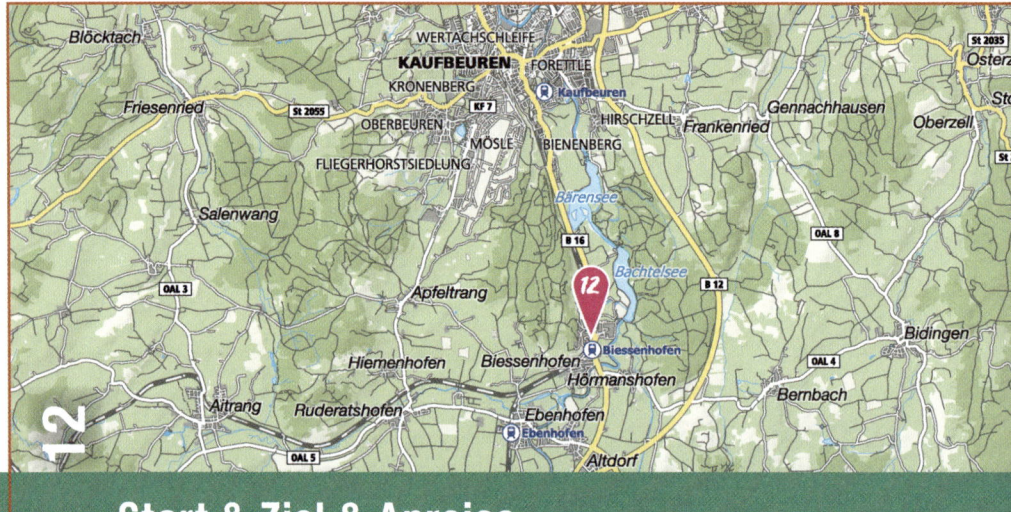

Start & Ziel & Anreise

Bahnhof Biessenhofen, Parkplatz beim Bahnhof. Mit dem Auto auf der B 16 von Kaufbeuren oder von Marktoberdorf nach Biessenhofen zum Parkplatz beim Bahnhof Biessenhofen. Mit der Bayerischen Regionalbahn RB68 von München nach Füssen, oder mit der RB77 von Augsburg nach Füssen bis zum Bahnhof Biessenhofen.

Tourenbeschreibung

Zuerst gehen wir vom Bahnhof in Biessenhofen zur Füssener Straße und auf ihr nach rechts, bis wir links in die Schützenstraße einbiegen können. Beim Schützenheim erreichen wir das Ufer der Wertach und folgen ihr flussabwärts bis zur Brücke am Heubrückenweg. Hier wechseln wir die Uferseite und gehen gleich links auf dem schmalen Weg am Bachtelsee entlang ins Landschaftsschutzgebiet hinein.

Der Kiesweg quert auf einer Brücke den Siechenbach und etwa 25 Meter dahinter zweigt nach rechts ein schmaler Waldweg ab. Aufpassen! Der Weg ist nicht beschildert und leicht zu übersehen.

Jetzt geht es am Hang oberhalb des Siechengrabens entlang, erst ziemlich steil und zwischendurch etwas flacher hinauf auf die Hochebene. Schließlich gelangen wir an eine Wegverzweigung, halten uns dort ein wenig rechts und folgen dem Fahrweg, der nach kurzem Anstieg links abdreht. Bei der folgenden Kreuzung führt der schmale Weg geradeaus. Dann treffen wir an einer Wegekreuzung auf einen Fahrweg, wo wir schräg links weitergehen. Der Fahrweg führt kaum merklich über den höchsten Punkt des bewaldeten Freybergs.

Bei den beiden folgenden Abzweigungen linker Hand folgen wir dem Fahrweg, schwenken dann aber links ein und nun auf diesem Fahrweg geradeaus den Bergrücken hinunter zur Brücke am Spittelbach. Der Weg führt uns an das Ufer am Bärensee, zum Domizil der Seglergemeinschaft Bärensee.

Am Wegspitz geht es nun scharf nach links am Bärensee entlang wieder über den Spittelbach. Hinter dem Brücklein folgen wir dem schmalen Weg nach links über die verlandeten Altwasserarme und über Wiesen zum Kraftwerk Biessenhofen an der Wertach.

Wir wechseln die Uferseite und wandern entlang des Bachtelsees zur Brücke am Heubrückenweg, den wir ja bereits kennen. Er führt uns jetzt aber rechts nach Biessenhofen. Hinter der Bahnstrecke gehen wir in den Heuweg, dann rechts durch den Hof zur Kaufbeurer Straße. An ihr entlang erreichen wir unseren Ausgangspunkt am Bahnhof Biessenhofen.

Autoren Tipp

Die Stadt Kaufbeuren, so zeigt die Statistik, ist die sonnenreichste in Deutschland. Also genießen wir den Weg durch die malerische Altstadt mit der in großen Teilen existierenden Stadtmauer und den zahlreichen gut erhaltenen Türmen. Der weithin sichtbare Fünfknopfturm ist das Wahrzeichen der Stadt. Das prachtvolle Rathaus und der bezaubernde Neptunbrunnen sind in der Kaiser-Max-Straße zu finden. Wer eher Geschichtliches vorzieht dem sei das Stadtmuseum Kaufbeuren und das Isergebirgs-Museum im Gablonzer-Haus im Stadtteil Neugablonz empfohlen.

ESCHACH
Auf der
önen Buche
827
837
Ehrwang
Brunnen
Campingplatz
Bannwaldsee
B
A
821
Bootshafen SCFF
Ponyhof-Fischer
Mühlberg
Deutsche Alpenstraße
Bannwald
Mülldeponie
900
16
Achmühle
Festspielhaus
Füssen
Segelbootshafen
Waltenhofen
789
Hotel Maximilian
Mühlberger See
Hammergraben
Moosanger
310
Feldkirche
Gh. am Forggensee
Sommer
Bootshafen
Königliche
Kristalltherme
Schwangau
796
St.Coloman
Vorderer-
831
Galgenbichl
Filser
Kurpark
Hornburg
1172
Bergsportzentrum
Villa Toscana
FÜSSEN
17
Romantische Str.
Schlossbräuhaus
Schwangau
Römische
Ausgrabungen
Reith-Alpe
Tegelbergbahn
Hohes Schloss
Eiscafe Hohes Schloss
Horn
Schloss
Bullachberg
Alterschrofen
Hohenschwangau
Pöllatschlucht
Schloss
Neuschwanstein
1525
Torkopf
Tegelbergkopf
1567
sstadion
Stadtmuseum
Aktiv-Hotel Schweiger
Kalvarienberg
953
Schwanseeplatte
996
Kienberg
Königsstraßchen
Schwanseepark
Schl.
Hohenschwangau
13
Marienbrücke
(Kulturdenkmal)
Bad Faulenbach
Hutlersberg
alderlebniszentrum
Ziegelwies
kronenweg
807
Weißhaus
Ziegelwies
Königsstraßchen
Schwansee
Hohenschwangau
B
Museum der Bayerischen Könige
Pöllat
Gassenthomaskopf
1365
Schwarzenberg
Marien-Monument
Alpsee
Alpeleskopf
1591
Wildsulzhütte
Pöllatbach
1200
878
Schwangauer
Gatter
1123
Kitzberg
Höllental-
schrofen
Winterzug
Fritz-Putz-Hütte
nswang
enbichl
860
Alpseeblick
Kropbergtal
Marienbuche
Schönblick
1108
912
Säuling
Marienbuche
Pilgerschrofen
1759
Säulinghaus
1720
Säuling
2047
Vorgesäß
Oberpinswang
Säuling
Dürrental
Adlergschwend
Auenbach
Birgwald
Sulzhütte
Brunstgrat
1683
Pflacher Alpele
Zunderkopf
1726
Sisi-Straße
Lechschanze
Reutte
Nord
dstatt
Siebeler 1047
Sternschanze
Kniepass (ehem.Festung)
1029
Bärenauköpfl
Opelhaus
Klemmtalalpe
Sepp-Sollner-Hütte
Koflerjoch
(Jochberg)
1861
Kofelalpe
Dürrenberg
1797
1769
Schwemberg
Unterletzen
Giltal Teil
Hafegg
938
Wasserfa
1446
Oberer-
1713
Sattelkopf
Wiesbichl
Pflach
Unterer-
Falzkopf
Gipfelstürmerhütte
(Sattelkopf)
enfalle
Pflach
Holzer Berg
841
Falzkopfalpe
Mösle
1438
Verbrennte
0   500m
Oberletzen
1079
Vogelturm
Frauen-
auenwald
Hüttenbichl

13

Ufertour

Neuschwanstein-Runde
Zu Besuch bei König Ludwig in den Königsschlössern

DAUER	4h
LÄNGE	10,4 km
AUFSTIEG	508 hm
SCHWIERIGKEIT	MITTEL
MIT ÖFFIS ERREICHBAR	ja

Das erwartet dich ...

Eine geschichtsträchtige und landschaftlich wunderschöne Rundwanderung rund um den Alpsee und zu den weltberühmten Königsschlössern von König Ludwig II., Neuschwanstein und Hohenschwangau. Eingebettet zwischen dem hochaufragenden 2048 Meter hohen Säuling im Osten, dem Kitzberg im Süden und dem Schwarzenberg im Westen glitzert der Alpsee smaragd-grün in der Sonne.

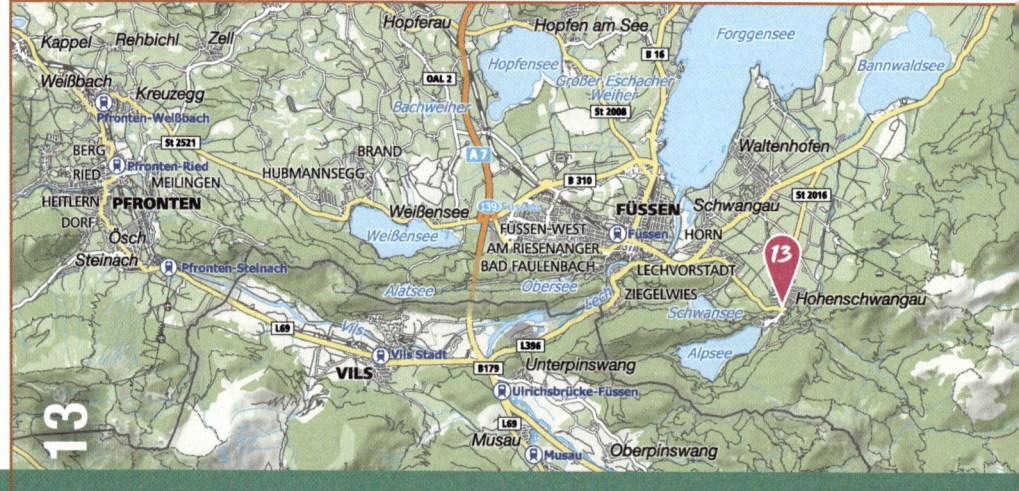

Start & Ziel & Anreise

Schwangau-Hohenschwangau, gebührenpflichtige Parkplätze in Hohenschwangau und beim Alpsee. Mit dem Auto auf der BAB A7 von Memmingen nach Füssen bis zur Ausfahrt 139 Füssen. Nach Füssen abbiegen und über den Lech nach Hohenschwangau. Mit der Bayerischen Regionalbahn RB68 von München nach Füssen, oder mit der RB77 von Augsburg nach Füssen. Von dort mit dem Bus, Linie 78, nach Hohenschwangau.

Tourenbeschreibung

Die Rundwanderung startet direkt bei den zahlreichen Parkplätzen in Hohenschwangau, gleich unterhalb der weltberühmten Königsschlösser. Zunächst schlendern wir der Alpseestraße entlang und halten uns beim Museum der Bayerischen Könige zur rechten Seite des Alpsees. Von der Fürstenstraße biegen wir rechts ab hinauf zum sonnengelben Schloss Hohenschwangau. Dort erhalten wir einen schönen Überblick über das Gelände. Zweifellos hat König Ludwig sich hier einen wirklich aussichtsreichen Bauplatz ausgesucht.

Danach wandern wir wieder das kurze Stück zurück zur asphaltierten Fürstenstraße. Oberhalb des Sees wandern wir zum Ende des Alpsees. Dort biegen links ab auf den Sommerweg zum Marienmonument und gehen über die Brücke des Zuflusses. Am Aussichtpunkt, direkt am Ufer, haben wir einen schönen Blick auf beide Königsschlösser. Dieser Teil der Schlösser-Tour ist erstaunlich einsam, man hat den Eindruck, dass sich nur wenige Besucher Zeit für den bezaubernden Alpsee nehmen.

Wir schlendern weiter und kommen an einer schönen Badeanstalt vorbei, die an heißen Sommertagen für die ersehnte Abkühlung sorgt. Nach knapp 7 Kilometer erreichen wir das Museum der Bayerischen Könige und sind wieder mitten im Trubel.

Wir müssen uns nun etwas beeilen um noch rechtzeitig zum Schloss Neuschwanstein zu kommen, für eine vorab gebuchte Führung. Es geht mit guter Beschilderung bald ordentlich bergauf Richtung Schloss Neuschwanstein. Viele Besucher erleichtern sich den Anstieg von ca. 1,5 Kilometer, indem sie mit dem Bus oder mit der Pferdekutsche zum Schloss hinauffahren.

Nach der Schlossführung (ein Besuch ohne Führung ist nicht möglich) wandern wir wieder zurück, noch ganz berauscht vom Prunk und Größenwahn des königlichen Bauherrn. Wir gehen diesmal aber über einen Steig, der von der Straße rechts abzweigt, Richtung Tal und kommen so direkt zu den Parkplätzen. Ein Abstecher zur nahen Marienbrücke an der Pöllatschlucht, als idealer Fotospot für das Schloss ist mehr als lohnend!

Autoren Tipp

Der Bau von Schloss Neuschwanstein wurde von König Ludwig II. 1869 begonnen, jedoch nie vollendet. Das Märchenschloss wurde für die damalige Zeit mit allen technischen Raffinessen ausgestattet und lockt heute jedes Jahr über 1 Mio. Besucher aus aller Welt an. Ludwig II. wurde mit 19 Jahren zum König von Bayern proklamiert. Er wurde später als geisteskrank entmachtet und kam auf bis heute ungeklärte Weise im Starnberger See ums Leben. Insgesamt verbrachte der Monarch nur etwa sechs Monate auf dem Schloss.

14

763

Mooshof

730

734

Riegerbach

754

Erbenschwang

761

Huttenried

Schachenwald

744

P

472

P

Hofmahdmühle

P

Mülldeponie

7

Enkenried

Baggerpark

Spitelsberg
788

Engenwies
739

Spuren der Römerstraße
(Via Claudia)

17

47

Bernried

Steig

Zollwiesen

798

780

780

777

Burggen
746

760

Rossau

755

Kreut

773

H

i

Ghagetslaichwiesen

Lech

St.Anna

Eschenbach

Niederwies
791

Forchen-
wald
782

Litzauer

773

Odi

Oedenhof

Borzenwinkel

Ziegler

Schleife

NSG

Geisenberger

Stiegl
728

Grub

810

Forchenmühle

765

749

784

783

Grubsee

763

R i e s e n

Riesner
See

803

Bodenloser See
761

NSG

Nesselgrabenfilz

769

Deutenried

Deutensee

P

Seestüberl
Seemühle

Hirschau

D e u t e n s e e r   F i l z

Stenz

Dessau
Gut

768

Doldensee

Roßhirtenbühl
776

Butzau

778

790

734

Greuwang

749

Staustufe 4

Sparweidefilz

784

0   500m

735

B i l a c h f i l z

769

Tannenbühl

754

Franzenbühl
764

Mäderbichelfilz

Deutenhof
764

Unterengen

79

14

Flusstour

Am Lech bei Burggen

Die Litzauer Schleife – Kleinod am Lech

DAUER	3h 45min
LÄNGE	13,7 km
AUFSTIEG	300 hm
SCHWIERIGKEIT	MITTEL
MIT ÖFFIS ERREICHBAR	ja

Das erwartet dich ...

Wir wandern von Burggen zur Litzauer Schleife, einem der letzten Stücke, wo der Lech in Bayern noch natürlich fließt. Die Litzauer Schleife ist nicht nur für die Natur wichtig, sondern auch optisch ein Kleinod. Vom Hochufer haben wir einen alles überragenden Ausblick über die Litzauer Schleife, den Lech bis in die Alpen. Ein Stück unseres Weges verläuft auf dem Fernwanderweg „Lech-Höhenweg".

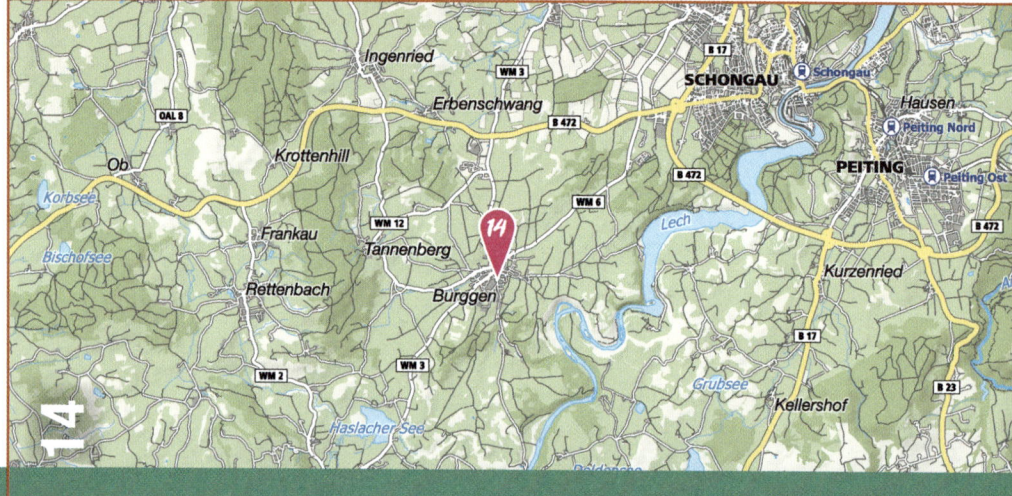

Start & Ziel & Anreise

Parkplatz bei der Kirche in der Kirchenstraße in Burggen. Mit dem Auto auf der B 17 von Landsberg am Lech nach Schongau. Am Abzweig der B 472 an der Ortsumgehung Richtung Marktoberdorf fahren und links nach Burggen abbiegen. Mit der Bayerischen Regionalbahn RB67 von Augsburg nach Schongau. Dort umsteigen in den Bus, Linie 9821, nach Burggen zur Haltestelle Dorfbrunnen/Burggen. Zwei Gehminuten zur Kirche St. Stephan.

Tourenbeschreibung

Vom Platz unter der Kirche St. Stephan in Burggen folgen wir dem Angerweg und gehen dann nach rechts in die Schwarzkreuzstraße hinein. Bei der Straßenverzweigung halten wir uns schräg links, gehen am Sportgelände vorbei und aus Burggen hinaus. Bei der nächsten Straßenverzweigung stehen ein Wegkreuz und ein Stein, der an die Via Claudia Augusta erinnert.

Auch dort halten wir uns links und zweigen auf einer schwach ausgeprägten Anhöhe neben den drei großen Bäumen auf den zweiten nach rechts abbiegenden Feldweg ab. Auf ihm bis zur nächsten linksseitigen Abzweigung. An diesem Punkt beginnt der erste Abstecher an den Lech. Also einbiegen und nach etwa 100 Metern gehen wir auf der Straße rechts nach Rossau durch den talähnlichen Einschnitt an das Ufer des Lech hinunter. In der scharfen Kurve führt ein Weg direkt ans Ufer.

Auf gleichem Weg nun zurück. Wieder oben am Sträßchen angekommen folgen wir auch dem Lech-Höhenweg zum schräg rechts gegenüberliegenden Feldweg zu einem Asphaltsträßchen. Hier wieder auf den Weg der gegenüber schräg rechts als Schotterweg über die Ghagetslaichwiesen an das Steilufer führt. Von dem Feldweg zweigt der Lech-Höhenweg an beschilderter Stelle rechts ab. Der zweite Abstecher führt aber geradeaus weiter, dann im Rechtsbogen in den Wald hinein zum Lech hinunter. Am Ufer gegenüber der Insel stoßen wir auf einen Querweg, auf dem wir rechts durch die untere Au bis in die Nähe der Litzauer Schleife gehen. Der Weg führt am schützenswerten Auwald entlang, wird zwischendurch ein paarmal sehr nass und endet schließlich in einem steilen Hang.

Da dort nichts mehr weitergeht, muss man bis zum Lech-Höhenweg zurück. Also wieder oben folgen wir an der Abzweigung dem Lech-Höhenweg nach links, an mehreren Aussichtspunkten vorbei, mit überragendem Ausblick über die Litzauer Schleife, den Lech bis in die Alpen. Bald verlässt der Weg das Hochufer in einem Rechtsbogen und führt durch einen Hof nach Burggen. An der Schwarzkreuzstraße jetzt links und am Angerweg erneut links stehen wir wieder vor der Kirche St. Stephan und unserem Ausgangspunkt.

Autoren Tipp

Im Lechtal zwischen Füssen und Landsberg gibt es seit Jahrzehnten den Lech-Höhenweg. Der erhielt ein „Update" und wurde aufgehübscht, inklusive Erlebnisstationen und neuem Namen: Lech-Erlebnisweg. Während der Lechweg, der den Lech von der Quelle durch Österreich bis zum Lechfall begleitet, dem „wilden" Lech folgt, ist das Lechtal ab Füssen gezähmt worden. Stausee reiht sich an Stausee. Für Genießer gibt es auch den Lechradweg. Mit dem Fahrrad rund 200 Kilometer von der Lechquelle bei Steeg in Tirol bis zur Donau bei Donauwörth.

Strauß
Pessenhausen
Pfaffenbühlfilz
Hasenschornfilz
hofener
Kromerhof
Irmenhof
720
707
Felderhof
731
Erlwiesfilz
NSG
Erlwiesfilze
St.Ottilien
Forst
Eselsberg
feldorf-
Rott
707
hausen
Strasser
702
656
Kalvarienberg
752
Ziegler
742
Grubmühle
Gauklerhof
729
Schellschwang
feldorf
Feldpeter
682
Straußhof
710
Stolz
er-
744
Kohler
Hochgreut
Wippberg
733
Haid
Riedhof
731
Seehäusl
726
Gasthaus
Seehäusl
Kreuzberg
Kloster
720
703
Engelsrieder See
755
Gut
Wessobrunn
702
Lußgraben
Stillerhof
Tassilolin
Egelsee
NSG
15
Schwaigwaldmoos
Zum Löwen
Bäcker
Wiese
720
Rotbach
NSG
67
742
Rohrmoos
Breites Moos
Aich
756
Hohenbrand
Altkreut
Streberg
764
740
Birklander Filz
Pürschlehen
Neuwirt
Pentscher
Birkland
Sachsen
Schlittbach
Metzengasse
731
Leitersberg
747
Schwelken
Reiserlehen
Edenho
Hofen
Sporer
Guggenberg
Wolfhof
764
Gmain
Bichl
796
Auf der Wies
Rehpoint
Puitl
Wagner
Hauptstadtwagner
Puitlgraf
Hagenlehen
Rettenbach
Ober-
Anger
Bayer. Hias
Mößle
-Forst
Mandlhof
Hoher Bühel
Zauberhütte
745
Kaltenbrunn
Unter-
728
Kronholz
728
Grabhof
Geiger
Arme Seelen
Filzschuster
Leithen
Hof
Burgs
Kesselgraben
773
Rohrmo
NSG
Breitenfilz
Schwabhof
Oberoblander Filz
Schongauer
Schmidhof
Moosweber
Bayerstadl
Holzlehen
S 0   500m
761
Moosjäger
Märzen
Jäger
Bondl
Oberoblan
Buchwald
733
Forst
Jackelwald
727

Engelsrieder See

Vom Kloster Wessobrunn zum Engelsrieder See

DAUER	3h 45min
LÄNGE	12 km
AUFSTIEG	190 hm
SCHWIERIGKEIT	LEICHT
MIT ÖFFIS ERREICHBAR	ja

Das erwartet dich ...

Eine sonnige Rundwanderung um die Naturschutzgebiete Rohrmoos und Schwaigwaldmoos mit Badegelegenheit am Engelsrieder See. Am idyllischen Naherholungsgebiet liegt das Gasthaus Seehäusl mit einem schönen Biergarten. An einigen Stellen auf der Wanderung ist eine gute Orientierungsgabe erforderlich. Dazu kommt eine spannende Klosterführung im Kloster Wessobrunn.

Genusstour 15

Start & Ziel & Anreise

Wessobrunn, Parken am Ende der Feichtmayrstraße. Mit dem Auto auf der BAB A95 München–Garmisch-Partenkirchen bis zum Dreieck Starnberg. Auf die A952 nach Starnberg, weiter auf der B2 nach Weilheim. Dort auf die St2057 nach Wessobrunn abbiegen zur Feichtmayrstraße in der Ortsmitte. Mit der Bayerischen Regionalbahn RB67 von Augsburg nach Weilheim in Oberbayern. Weiter mit dem Bus, Linie 9652, vom Bahnhof Weilheim nach Wessobrunn, Haltestelle Wessobrunn.

Tourenbeschreibung

Am Ende Feichtmayrstraße lassen wir Wesssobrunn hinter uns und biegen am Wegedreick mit einem Bildstock links auf den Schotterweg ein. Nach einer sanften Gefällstrecke verzweigt sich der Fahrweg am Wegweiser nach Seehäusl. Anschließend steigt der Weg an und führt in den Wald hinein. Wir folgen nun lange dem Hauptweg, bis er sich in einem Linksbogen gabelt.

Wir nehmen den rechten Weg und gelangen an eine Kreuzung. Dort auf schmalem Weg geradeaus durch den Wald weiter bergab. Hinter einer Senke geht es in geringem Linksbogen wieder etwas aufwärts. Jetzt aber geradewegs nach Seehäusl am Engelsrieder See.

Ein Asphaltsträßchen führt über das Wehr zum Parkplatz beim Gasthaus Seehäusl. Hinter der Wirtschaft beginnt ein Anliegerweg, der neben den

Zäunen der Freizeitgrundstücke am Seeufer zu einem Feldweg führt. Wir gehen nun links unter schattigen Bäumen am Rottbach entlang und stoßen auf ein Sträßchen. Es führt uns nach links über saftige Wiesen an ein Wäldchen. In der scharfen Kurve folgen wir dem Sträßchen nach links und wandern am Südrand des Naturschutzgebietes Schwaigwaldmoos entlang über eine abwechslungsreiche Wald- und Wiesenlandschaft.

Wir kommen bei der beschilderten Abzweigung des Radwegs nach Wessobrunn vorbei und gehen über einen weiten, freien Rücken.

An der Stelle, wo unser Weg einen leichten Rechtsbogen beschreibt und nach Streberg abfällt, müssen wir den Fahrweg links verlassen und auf einem Wiesenpfad zum Waldrand hinuntergehen. Dort suchen wir uns einen schmalen Waldpfad, der am Naturschutzgebiet Rohrmoos entlangführt.

Nach einer ungemütlich nassen Waldetappe erreichen wir eine Lichtung und halten uns an deren Ende vor den Bäumen schräg rechts. Hier beginnt ein asphaltiertes Sträßchen, dem wir über Wiesen und durch den Wald bis zum hinteren Waldrand folgen. Dort stoßen wir auf einen Querweg und wandern nun auf dem geschotterten Weg rechts nach Wessobrunn in die Feichtmayrstraße zurück. Ohne einen Abstecher zum Kloster Wessobrunn sollten wir aber nicht abreisen.

Autoren Tipp

Viele jahrhundertelang war das Kloster Wessobrunn ein Ort der gelebten Spiritualität. Die Schwestern des Benediktinerordens haben ihr Leben ganz in den Dienst Gottes und der Menschen gestellt. Martina Gebhardt kaufte das Kloster für ihr Naturkosmetik-Unternehmen. Der Klostergarten wurde mit Heilkräutern bepflanzt. Die Hälfte der Gebäude wurde für das Unternehmen genutzt, in der anderen Hälfte zogen traditionelle Handwerker ein. Spannend sind die Führungen durch das Kloster zum Fürstentrakt inklusive Treppenaufgang, Benediktussaal, Apothekenmuseum und vielem mehr.

Dachauer Berg

659
Schönbühl · 668

667

Schilcherberg

Naturdenkmal

644

Dexenberg

Zum Glückmann

Glückbauer

Oberfinning

633

Leicher

Unterfinning

St. Willibald-Kapelle
Lindenhof

Finning

Höhe

Nigglhof

Salcher

Neufinning

Zum Staudenwirt

Entraching
632

Kochl

Alte Post

665

Hofstetten
674

Kaser-
wirt

687

661

Sadelweiher

Egelsee

Löwen

651

640

Harresbach

Frey

Kramerberg
656

Windachspeicher

640

Schlöglbach

Windach

Laich

Hartmannshausen

655

Roßbach

Windach

Hängeberg

Waldhof

Keltenscha

Windachsee-Alm

644

P

P

648

Beurer Wald

Roßbach

Keltenscha

Hälsle

NSG

654

Memming

Schlöglhof

Ruine Ödenburg

699

**Ober-
mühlhausen**

Unter-

-beuern

Ober-
Hofcafé
Villa Möstl

Beurer Bäch

652

Dettenhofer Filz

NSG

668

Ummenhausen

673

Mann

Wirt

Thaining
688

709

Ziegelstadel

677

664

Unterhausen

Klingbächel

Haiser Bach

Weidhausen

Dettenhofen
666

663
Rainberg

Paulaberg

683

Windach

Pitzeshofen

P

Oberhausen

P

Obere Filze

708

NSG

687

679

Dettenschwang

679

H

699

67

67

0   500 m

5

16

Badetour

Windachspeicher
Rundwanderung um den Windachspeicher

DAUER	2h 30min
LÄNGE	7,9 km
AUFSTIEG	140 hm
SCHWIERIGKEIT	MITTEL
MIT ÖFFIS ERREICHBAR	nein

Das erwartet dich ...

Eine Rundwanderung ab der Windachsee-Alm um den Windachspeicher und den Windachsumpf über weite Wiesen mit schönen Ausblicken und urigen Wäldchen. Bei schönem Wetter lockt der Biergarten an der Windachsee-Alm, bei schlechtem die gemütliche Almstube.

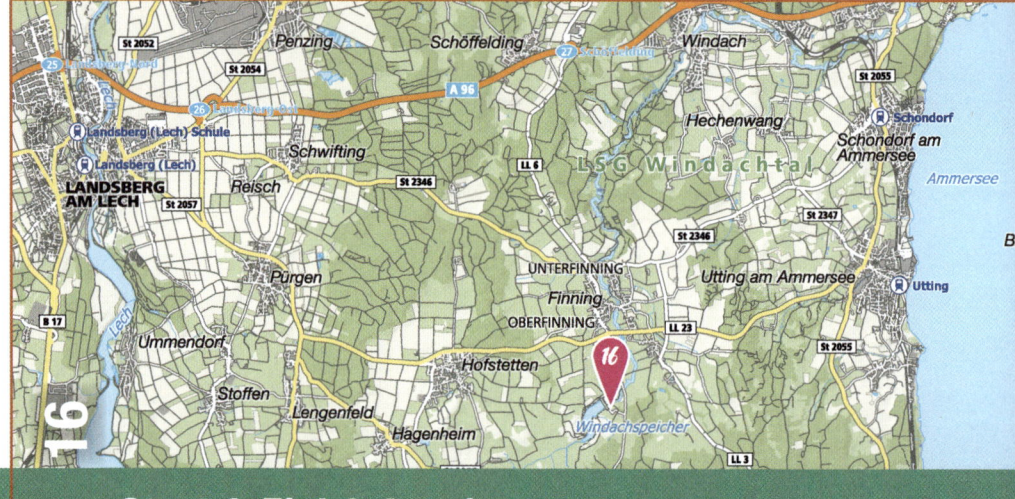

Badetour 16

Start & Ziel & Anreise

Finning, Parkplatz beim Windachspeicher. Mit dem Auto auf der BAB A 96 München–Lindau bis zur Ausfahrt 27 Schöffelding. Nach Finning abbiegen und durch den Ort zur Landesstraße LL 23. Am Kreisverkehr geradeaus zum Windachspeicher.

Tourenbeschreibung

Vom Parkplatz bei der Windachsee-Alm gehen wir über den Stauwall und rechts an den Betriebsgebäuden vorbei zum Weg hinauf. Der asphaltierte Radweg führt uns scharf links zu einer engen Kurve. Dort gehen wir auf schmalem Weg linkshaltend zum Ufer des Windachspeichers. Ein schöner Weg führt uns erst am See entlang über baumbestandene Wiesen, dann im Rechtsbogen kurz ziemlich steil und mühsam ansteigend durch einen Wald, an dessen Ende wir an eine weite Wiese gelangen.

Nach links führt ein Feldweg über freies und aussichtsreiches Wiesengelände. An der Rechtskurve halten wir uns links und folgen einer Traktorspur zu einem asphaltierten Sträßchen. Dort zweigen wir wieder links ab und verlassen dieses Sträßchen am Waldrand nach links auf einen Feldweg. Dieser bringt uns zu einem Rastplatz mit einem Wegkreuz und an den nördlichen Ortsrand von Obermühlhausen.

Im Ort biegen wir auf die erste Straße links ein, sie heißt Am Mühlbach und gehen aus Obermühlhausen hinaus zur Autostraße. An ihrem Rand müssen wir nun rund 300 Meter weit nach links gehen und verlassen sie in ihrer Rechtskurve geradeaus in das Landschaftsschutzgebiet Beurer Wald. Der Weg führt am Windachsumpf entlang und macht am Waldrand eine enge Kurve. In dieser Kurve gehen wir geradeaus und folgen dem Waldpfad zum Windachspeicher.

In ständigem Auf und Ab folgen wir dem Waldpfad bis zum Badegelände bei der Windachsee-Alm und zum Ausgangspunkt.

Entspannt wandert es sich in der Nähe von Obermühlhausen

Buch
am Ammersee
553

Thalbauer

617
Jaudsberg
557

Breitbrunn
a. Ammersee
564

Sammers

535

R i e d e r

W a l d

Ried
552

A

m

m

e

r

s

e

e

(533)

Steinebach

Rettenstraße
594

Hechenwang
594

Saxenhammer

Dürrhansl

Achselschwang
Gut

Plomberg

591

Beim
Wiesmann

611

597

Reisenbühl

Kreisjugend-
übernachtungs-
haus

Kel.tenschanze
587

Nigglhof

Salcher

Neufinning

573

Reichhof

St. Leonhard

Seefelder Hof

Wittelsbacher Hof

Sport-
zentrum

Kochhof

KZ-Friedhof

602

Holzhausen
635

Sonnenhof

Keltenschanze

579

Waldhof

Kittenalm

Seibold

660

610

Rieden
am Ammersee
563

NSG
Seehölz

654

Hälsle

NSG

648

Hübschenried
Gut

Pfeffermühle

Kramerhof

Rettenhofer Filz

NSG

657

Oberforst

Unterforst

621

673

Engenried
654 Gut

691

Gruberberg

Tannenhof

681

673

681

622

Schorn

R i e d

Fritz-Winter-Atelier

Romenthal
567

Gut

Zum Wastl

Café Forster
Seepost

Saller

Drexl

Schondorfer

Steghaus

Schondorf
am Ammersee
568

Labyrinth
Ex Ornamentis

Ludwigs-
höhe
Hochseil-
garten

Ammersee Camping

Pavillon am See

Utting
am Ammersee
553

Augsburger
Seglerclub

Künstlerhaus
Gasteiger

Dampfersteg

Pfeffermühle

Riederau
548

Seepavillon Riederau

Seehaus Riederau

Bierdorf
554

Lachen
Wallfahrtskapelle

Benedikt.-Kloster
Sankt Alban

Segelschule

Dießen
am Ammersee
544

Carl-Orff-Museum

Naturbeobachtungsturm

Marienmünster

0		500m

Maßstab 1:62.000

17

Ufertour

Am Ammersee-Westufer
Von Schondorf nach Diessen

DAUER	3h 30min
LÄNGE	14,7 km
AUFSTIEG	100 hm
SCHWIERIGKEIT	LEICHT
MIT ÖFFIS ERREICHBAR	ja

Das erwartet dich ...

Die lange Tour von Schondorf zum Marienmünster in Dießen verläuft im Wesentlichen am Ammersee-Westufer entlang und ist ziemlich flach. Doch keine Bange, sowohl am Anfang als auch am Endpunkt und auch entlang der Strecke gibt es etliche Bahnhöfe, damit jeder dort aufhören kann, wo er will. Zudem sorgen einige Kioske und Gasthäuser für Erfrischung. Und für eine etwas umständlichere, aber schöne Rückfahrt gäbe es auch ein Ammerseeschiff.

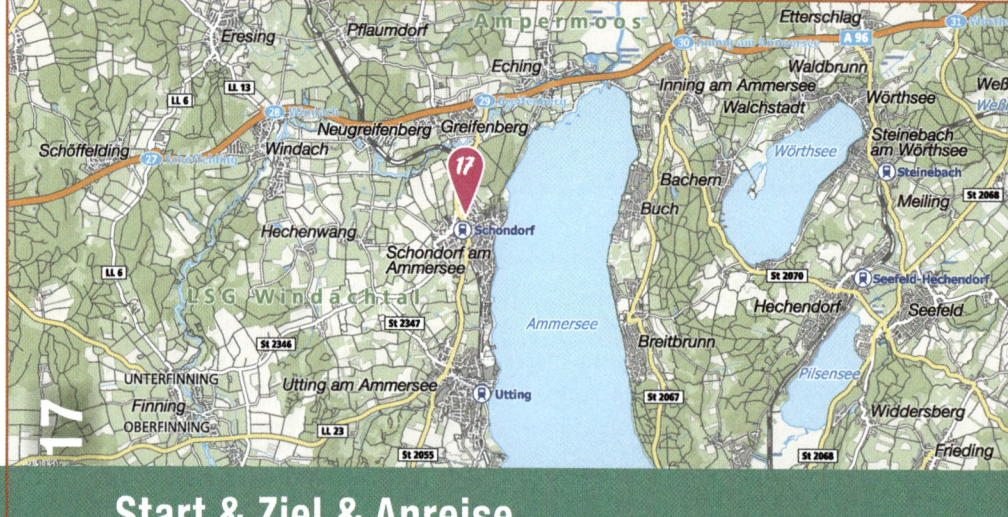

Start & Ziel & Anreise

Schondorf am Ammersee, Parkplatz beim Bahnhof Schondorf. Mit dem Auto auf der BAB A 96 München–Lindau bis zur Ausfahrt 29 Greifenberg. Richtung Schondorf abbiegen und direkt zum Bahnhof. Mit der Bayerischen Regionalbahn RB 67 Augsburg–Schongau bis zum Bahnhof Schondorf.

Tourenbeschreibung

Vom Schondorfer Bahnhof folgen wir der Bahnhofstraße über den Wilhelm-Leibl-Platz bis zum See, wo wir bei der Kirche St. Jakob die Seestraße und Uferpromenade erreichen. Hier genießen wir die Aussicht über den Ammersee, bevor die Wanderung auf der Seestraße nach rechts beginnt.

Zunächst führt die Seestraße durch Häuser vom Ufer getrennt an ihm entlang, bis sie einen Rechtsknick macht. Das ist die Gelegenheit auf einen breiten Kiesweg nach links zu wechseln, der uns zu einem kleinen Badeplatz führt. Für die erste Stärkung könnte der Pavillon am See in Utting sorgen, gleich am Campingplatz Utting, mit super Aussicht aus dem Glaspavillon.

Auf der Seestraße, auch hier in Utting heißt sie so, gelangen wir zur Schiffsanlegestelle am Summerpark. Wer die Wanderung abkürzen möchte kommt hier rechts direkt zum Bahnhof. Auf der Eduard-Thöny-Straße verlassen wir Utting, gehen durch das Domizil des Augsburger Segler-Clubs und kommen ein wenig weg vom Ufer. Am Bahnübergang gehen wir links zur Parkanlage des Künstlerhauses Gasteiger.

Ein Stück weiter geht links der Dampfersteg Holzhausen ab. Unser Weg verläuft nun unter schattigen Bäumen entlang der Bahnlinie nach Riederau und heißt Seeholzstraße. Nächster Halt ist der Bahnhof Riederau.

In der Freizeitanlage gleich rechts gibt es den Seepavillon Riederau, Café und Bistro. Ab hier ist der Seeweg-Süd unser Begleiter. Es geht wieder an der Bahnlinie entlang Richtung Dießen. In St. Alban liegt an der Seeseite der Campingplatz und an der Bahnseite der Bahnhof St. Alban. Ein Stück noch geradeaus und wir stehen vor dem Kloster der Benediktinerinnen St. Alban.

Wir gehen zum Ammersee hinunter und wenden uns rechts zur Kirche St. Alban. Unter Bäumen schlendern wir nach Dießen wieder Richtung Bahnlinie. Linker Hand zum See liegt das Naturschutzgebiet Dießener Lagune. Rechter Hand erscheint bald der Bahnhof Dießen. Bei den Seeanlagen Dießen wenden wir uns zur Mühlstraße hinauf, gehen geradeaus am Rathaus vorbei zum Kloster und Marienmünster; hier endet die Tour. Am Bahnhof hält wieder die Regionalbahn RB67 für die Rückfahrt nach Schondorf.

Der Sonnenaufgang über dem Ammersee ist atemberaubend

Genusstour 18

Hechendorf – Herrsching
Vom Pilsensee über das Buchet zum Ammersee und zurück

DAUER	4h
LÄNGE	15 km
AUFSTIEG	150 hm
SCHWIERIGKEIT	LEICHT
MIT ÖFFIS ERREICHBAR	ja

Das erwartet dich ...

Eine Rundwanderung von Hechendorf über das Buchet nach Herrsching zum Ammersee und entlang des Pilsensees zurück nach Hechendorf. In Herrsching begleitet eine herrliche Seepromenade mit zahlreichen Restaurants das Ufer mit wunderbarer Aussicht über den Ammersee. Lust auf eine Seeschifffahrt mit dem Raddampfer RMS Herrsching oder mit dem Museumsdampfer MS Dießen? Möglich ab Herrsching am Anlegesteg.

Start & Ziel & Anreise

Seefeld-Hechendorf, Parkplatz beim Bahnhof Seefeld-Hechendorf: Mit dem Auto auf der BAB A 96 München–Lindau bis zur Ausfahrt 30 Inning am Ammersee. Nach Inning fahren und am Ortsende links weiter nach Hechendorf zum Bahnhof. Mit der S-Bahn, Linie S8, von München nach Herrsching bis zum Bahnhof Seefeld-Hechendorf.

Tourenbeschreibung

Vom S-Bahnhof gehen wir nach links zuerst am Feinkochwerk-Eatery, ein interessantes Restaurant, auf dem Weg neben der Straße über die Rad- und Fußgängerbrücke zum Bahnweg hinüber. Im Rechtsbogen kommen wir beim Sportplatz vorbei, folgen dann dem Linksbogen der Straße, die nun Alte Hauptstraße heißt. Schon sehen wir die Kirche St. Michael, hinter der wir in den Schlagenhofener Weg einbiegen. „Am Oberfeld" nennt sich die Straße am Ortsrand, der wir nach links folgen bis zur Bushaltestelle in der Breitbrunner Straße.

Jetzt wandern wir rechts auf die Felder hinaus und halten uns am großen Baum mit dem Wegekreuz geradeaus auf den Schotterweg. Über freies Feld geht es in den lichten Wald hinein, in einem weiten Bogen nach rechts über eine sanfte Kuppe. Bei der Einmündung am Waldrand schräg links nach Schlagenhofen.

Im Ort wenden wir uns sogleich links und am Ortsrand auf den breiten Feldweg, der links von der Dorfstraße abzweigt. Er führt über einen Hügel wieder in den Wald. Bei der Kreuzung mit der Forststraße geradeaus und gleich darauf zu einem Rastplatz mit einem Wegkreuz. Dort wird der höchste Punkt der Rundtour erreicht. Knapp 100 Meter weiter vorne biegen wir nach links ab entlang des Waldrandes zum kleinen Bauerndorf Ellwang.

Es öffnet sich ein freier Blick auf den Heiligen Berg mit dem Kloster Andechs. Das letzte von den beiden Häusern umrunden wir halbwegs und wenden uns dann nach links auf die Schlepperspur. Wir stoßen auf einen baumbestandenen Weg, dem wir nach links durch das Buchet nach Rausch folgen. In Rausch sehen wir linker Hand eine Kapelle und wenden uns in der folgenden scharfen Kurve nach rechts in den Rauscher Fußweg hinunter nach Herrsching. Kurz vor dem Ammersee queren wir die Hauptstraße, die Rieder Straße, und wenden uns nach rechts auf den Weg durch die Grünanlage zur Seepromenade am Ammersee.

Hinter dem Abzweig zur „See Heimat" am Ammersee gehen wir links zur Madeleine-Ruoff-Straße, geradeaus hinüber in die Baderstraße und in der folgenden Kurve links in den Stürmerweg zum Bahnübergang. Anschließend über die Gleise und über die Hauptstraße in den Weg neben der Bahnlinie.

Sie wird ab jetzt unser ständiger Begleiter durch das Naturschutzgebiet Herrschinger Moos bis nach Hechendorf sein. In Hechendorf heißt der Weg dann Seestraße und nimmt uns mit zum Strandbad Pilsensee bis zur Seefelder Straße am Bahnhof. Das Ziel ist nahe, links durch die Unterführung und ein letztes Mal rechts zum Bahnhof Seefeld-Hechendorf.

Nieder-

pöcking

Wildbrunn

Auwinger Moos

660

690

Aschering
644

Lindenberg-
Siedlung

667

Pöcking
669

661

Zur Post

Hotel Kefer   Wald

Kaiserin-Elisabeth
Museum

19

Possen-
hofen

Possenhofer

Windsurfing-
Schule

Paradies-
Badeplatz

Kiosk Paradies

652

Wieling
650

Alte Linde

Kalvarienberg

611

Possenhofen

Schloss
Possenhofen

Schiffsglocke

Jachthafen

Traubing
665

Alter Wirt

2

686

Egelsee

Pölt

Hotel Kaiserin
Elisabeth

Forsthaus am See

Strandbad

Seeleiten

Bismarc
Turm

Butler-
hof

678

Feldafing
645

Maler-
winkel

Seewies

Kaserne

Roseninsel

Schloss
Roseninsel

588

Seeburg

684

667

585

709

Deixlfurt
Gut

685

Pfaffenberg

NSG

603

Club
ng

727

Langer
Weiher

Garatshausen

Hans-Albers-Villa

710

Deixlfurter
See

Politische Akademie

Härings Wirtschaft

Tutzing

Hotel am See

Amme

land

19

Tutzinger
Hof

Evangelische Akademie

Ortsmuseum

Hotel am See

Gerer

Tutzinger Keller

726

629

Sportlerstüberl

Kapelle Ave Maria

höhe

Forsthaus
Ilkahöhe

Würmsee-
stadion

Museumsschiff

zeismering
589

S t a r n b e r g e r   S e e

(584)

120

587

Unterzeismering

644

Zum Bauerngirgl

0   500 m

19

Ufertour 19

Possenhofen – Tutzing

Auf den Spuren von Kaiserin Elisabeth von Österreich (Sisi)

DAUER	3h
LÄNGE	9,4 km
AUFSTIEG	70 hm
SCHWIERIGKEIT	LEICHT
MIT ÖFFIS ERREICHBAR	ja

Das erwartet dich ...

Eine Wanderung, die im Zeichen der Kaiserin Elisabeth von Österreich steht. Gleich am Bahnhof steht das Kaiserin-Elisabeth-Museum. Ein Museum über die Kaiserin Elisabeth von Österreich und Königin von Ungarn, auch Sisi genannt. Unten am Starnberger See liegt das Schloss Possenhofen, wo Sisi den Großteil ihrer Jugend erlebte und ab und zu König Ludwig II. auf der Roseninsel traf. Die Wanderung führt am Westufer des Starnberger Sees entlang, von Schloss Possenhofen über die Roseninsel zum Schloss Tutzing.

Start & Ziel & Anreise

Pöcking-Possenhofen, Parkplatz beim S-Bahnhof Possenhofen. Mit dem Auto von München auf der BAB A 95 München–Garmisch-Partenkirchen zum Abzweig der A 952 nach Starnberg. In Starnberg auf die B 2 Richtung Weilheim und bei der Ausfahrt nach Pöcking bis zur Hindenburgstraße fahren. Links nach Possenhofen abbiegen. Nach der Straßenbrücke rechts auf den Parkplatz beim S-Bahnhof. Mit der S-Bahn, Linie S6, von München nach Tutzing bis zum S-Bahnhof Possenhofen.

Tourenbeschreibung

Am S-Bahnhof Possenhofen können wir uns auf die „kaiserliche" Wanderung mit dem Besuch des Kaiserin-Elisabeth-Museums einstimmen. Denn nächstes Ziel ist das „Sisi"-Schloss Possenhofen am Starnberger See. Zunächst aber folgen wir vom S-Bahnhof Possenhofen den Wegweisern zur Jugendherberge in die Karl-Theodor-Straße hinab. An der Fischerkapelle gehen wir links zum Schloss Possenhofen und vor dem Schloss rechts zum Ufer des Starnberger Sees.

Dort hat der Yacht-Club Possenhofen sein Domizil. Auf dem Seeuferweg wandern wir zum Yachthafen Goetzke und kommen dort am Gasthaus Forsthaus am See vorbei. Vor uns liegt nun das Strandbad Feldafing. Auch hier gibt es ein Restaurant, um das der Seeuferweg herumführt. An der Landspitze liegt der Glockensteg gegenüber der Roseninsel.

Von hier setzt der Fährmann mit seiner Zille, so werden die flachen Holzboote in dieser Region genannt, zur nur 170 Meter entfernten Insel über. Der Rosengarten und das Casino sind auf der Insel beliebte Ausflugsziele.

Zurück auf das Festland wird es jetzt ruhiger auf dem Seeuferweg Richtung Garatshausen, bis wir vor dem Schloss Garatshausen nach rechts ein wenig hinauf und dann wieder zum See hinab müssen. Linker Hand liegt die Hans-Albers-Villa.

Der Volksschauspieler verbrachte hier gern die von Dreharbeiten und Bühnenengagements freie Zeit. Wieder am See gehen wir am Freibad Garatshofen vorbei zum Nordbad von Tutzing. Hier halten wir uns rechts, wandern auf dem Ebersweg, kreuzen die Zufahrtsstraße zur Brahmspromenade und gehen auf dem Brahmsweg zur Schiffsanlegestelle beim Schloss Tutzing.

Vor dem Schloss halten wir uns rechts zur Schlossstraße und biegen links in die Monsignore-Schmid-Straße ein. Dann rechts hinauf zur Hauptstraße und dort links zur Bahnhofstraße, die uns zum S-Bahnhof Tutzing führt. Für den Rückweg bietet sich die S-Bahn an, da die Schiffe nicht so häufig verkehren.

Das Schloss Wörth auf der Roseninsel

Leoni

Gasthof Zur Post

677

664

Aufhausen

Forsthaus am See

Strandbad

Seeleiten

668

Biberkor

Bachhause

Assen-
hausen

Sibichhausen

Bismarck-
Turm

Roseninsel
Schloss
Roseninsel

Allmanns-
hausen

640

Filz

Alpe

St. Valentin

Ebrach

Höhenrain
652

Zur
Wir

588

645

Allmannshauser
Filz

641

Seeburg

S t a r n b e r g e r   S e e

Schwabbruck

NSG

St. Coloman

657

Weipertshausen

Buchsee

660

653

Buchsee
664

603

Seitz

Ammer-

Ried

691

land

Wimpasing

Wolfratshausen

95
E533

P

Hotel am See

Fatima-
kapelle

20

Limm

Höhenberg
695

P

Gerer

676

Altwirt

Kapelle Ave Maria

St. Vitus

Münsing
666

Staudach

14

587

686

Reichenkam

666

688

Münsinger Filz

P

See-
heim

619

707

Bolzwang

Café

Holzhausen
a. Starnberger See

Attenkam

Degerndorf
681

Degerndorfer
Weiher

659

718

Maria-
Dank-
Kapelle

Landhotel
Huber am See

Oberambach

Sonderham

Sonderhamer
Weiher

Kuglmühle

0   500 m

Ambach

Weidenkam

Birklkam

Zum Fischmeister

Luidenkam

Berg

6

Genusstour 20

Münsing

Auf der Sonnenseite des Starnberger Sees

DAUER	3h 45min
LÄNGE	12,7 km
AUFSTIEG	180 hm
SCHWIERIGKEIT	LEICHT
MIT ÖFFIS ERREICHBAR	ja

Das erwartet dich ...

Eine Rundwanderung von Münsing auf der Sonnenseite des Starnberger Sees über die Pestkapelle Sankt Coloman zum Starnberger See und zurück nach Münsing. Vom Hügel bei der Kapelle St. Coloman schweift der Blick über den Starnberger See bis zu den Alpen. Viele Künstler haben in Münsing ihre Heimat gefunden, wie z. B. die Literaten Oskar Maria Graf, Franz Graf von Pocci und der Schauspieler Heiner Lauterbach.

Start & Ziel & Anreise

Münsing, Parkplatz beim Altwirt, Holzhausener Straße/Hauptstraße. Mit dem Auto auf der BAB A95 München–Garmisch-Partenkirchen bis zur Ausfahrt 6 Wolfratshausen. Dort nach Münsing abbiegen bis zur Ortsmitte. Mit der S-Bahn, Linie S7, nach Wolfratshausen. Von dort mit dem Bus, Linie 373, nach Münsing, Haltestelle Kirchberg.

Tourenbeschreibung

Beim Gasthaus und Metzgerei „Zum Altwirt" in Münsing starten wir mit unserer Wanderung an den Starnberger See. Die Kirche lassen wir linker Hand liegen und gehen die Höhenrainer Straße entlang bis zur Straße „Am Kirchberg". Hier biegen wir links ein, um gleich nach rechts auf der Schwabbrucker Straße zum Ortsende zu gelangen. Dort führt der rechte Weg zur Kreisstraße, biegt vor ihr jedoch nach links ein und führt am Waldrand entlang und über Wiesen zum Buchseehof.

Hinter dem Hof liegen der Buchsee und ein Campingplatz. Vom Buchseehof führt in der Kurve ein schmaler Weg zum Sträßchen Richtung Schwabbruck. Nach links führt es uns durch den Wald, dann über Wiesen zum Weiler Schwabbruck. Hinter den Gebäuden gehen wir am Wegweiser Starnberg nach rechts und am nächsten Weg vor dem Waldrand links Richtung Weipertshausen. Durch den Wald und über freie Wiesen erreichen wir Weipertshausen an der Umgehungsstraße. Kurz gehen wir rechts, dann über die Straße zu den Häusern. Jetzt rechts und wieder rechts auf der Schlepperspur hinauf auf den Hügel zur Pestkapelle, die dem heiligen St. Coloman geweiht wurde.

Der Blick schweift weit über den Starnberger See und die Alpenkette. Die wertvolle Coloman-Statue über dem Eingang wurde 1753 von Joseph Krinner geschaffen.

Anschließend geht es zurück und durch die Ortschaft. An deren Ende rechts auf den Feldweg einbiegen, geradeaus gehen und im Rechtsbogen auf den Wald zuhalten. Wir bleiben im Wald auf dem Hauptweg, halten uns an der Verzweigung rechts und kommen in Ammerland zum Starnberger See.

Am Riedweg im Ort nun schräg rechts weitergehen zum schönen Schloss Ammerland. Das sogenannte „Poccischlössl" ist sorgfältig renoviert aber nicht zugänglich. Es besticht nur durch seine Außenansicht. Wir gehen durch Ammerland bis zur Wasserwacht am Kapellenweg. Er trägt nicht umsonst den Namen und führt uns zur Kapelle Ave Maria.

In der Kurve biegen wir in den Weg mit dem Parkplatz rechts ein und folgen dem Hauptweg im Linksbogen Richtung Staudach, ohne allerdings dorthin zu gehen, dann im Rechtsbogen um den Hügel herum. Am Wegedreieck halten wir uns links und am Waldrand wird schon der Kirchturm von Münsing sichtbar. Jetzt sind wir auf der Zielgeraden. Beim Sportgelände entlang kommen wir zur Holzhausener Straße, die uns links zurück „Zum Altwirt" führt.

Starnberger See

Pischetsrie

Gasthof-Café-Pension
Seeseiten

Oppenried

Höllfilz

609

Anried

Sankt
Heinrich

Eisenrain

Seeshaupt
595

590

Fischerrosl
Schöntag

Kreutberg

Biergarten
Lidl

654

Seegerichtssäule

Rest. Sonnenhof

Rest. Café am See

Seelstein

Seeresidenz
Alte Post

Ulrichsau

600

Schaugarten

Rest. Lido

635

Gartensee

Ursee

Kronleiten

Kronfilz

Grünwassersee

Ostersee-
filz

587

681

NSG

Gröbensee

**Naturschutzgebiet
Osterseen**

591

Ofrechensee

Lustsee

Schechen
593

Schechen

Schlossgaststätte
Hohenberg

Ellmann

591

Stechsee

W e i d -
filz

Sanimo

703

Hohenberg

Kochelseebahn

Schwarzwe

Buckelsberg

Gut Aiderbichl

Eichendorf
666

Ameisee

Obere

Breitenauer-
See

Torfwerk Staltach

Tradfranz

Pollingsried

Unter-
lauterbach

Kochelseebahn

Gut

Großer

Lauterbacher Wald

679

Gabel-
christlhof

Sanatorium
Lauterbacher Mühle

Marien-
insel

H a r t

Gut

Weidenseelein

Land-u.Golfclub
St. Eurach
Ponholz

Rohrmooser Weiher

Oster-

Staltach

21

Streitberg

Streitberger
Weiher

see

Staltacher See

Iffeldorf

Untereurach

Grafenried

Oberlauterbach

Staltacher Hof

682

Neuried

Gut Schwaig

Fohnsee

629

Rauchmoos

Fohnsee-
Stüberl

Moos

Schillersberger
Weiher

Gröben

600

Sengsee

Heuwinkl-
kapelle

Pen
Iffe

8
Rett

Schillersberg

Brückensee

Iffeldorf
603

Landgasthof
Österseen

Heuwinkl

635

95

Brunnenmösl

Angerberg

Zur
Post

Brandlerbichel

Höllfilz

Steinbach

Vordermeir

Untersiffelhofen

Wasla

Solar-
feld

Rochusberg
630

Hubkap

Sackfilz

Weidwies

Schwarzen-
bach

Dümberg
664

Obersiffelhofen

Kirnberg

Antdorf
631

Breunetsried

Reinthal

Hachsee

673

Kirnberger

0   500 m

Naturtour 21

Rund um die Osterseen
Urige Landschaft mit Zwiebelturm vor Alpenpanorama

DAUER	3h
LÄNGE	11,1 km
AUFSTIEG	40 hm
SCHWIERIGKEIT	LEICHT
MIT ÖFFIS ERREICHBAR	ja

Das erwartet dich ...

Die Osterseen, im Süden des Starnberger Sees gelegen, bestehen aus zahlreichen kleinen Seen und Weihern die miteinander verbunden sind. Karibikblaues Wasser mit malerisch umgestürzten Baumriesen und Zwiebelturm vor Alpenpanorama. So könnte man die Landschaft bei Iffeldorf beschreiben. Zu Beginn der Rundwanderung kommen wir am Tiergnadenhof Gut Aiderbichl vorbei, leicht oberhalb des Ostersees gelegen. In Iffeldorf selber gibt es dann zahlreiche Cafés und Restaurants.

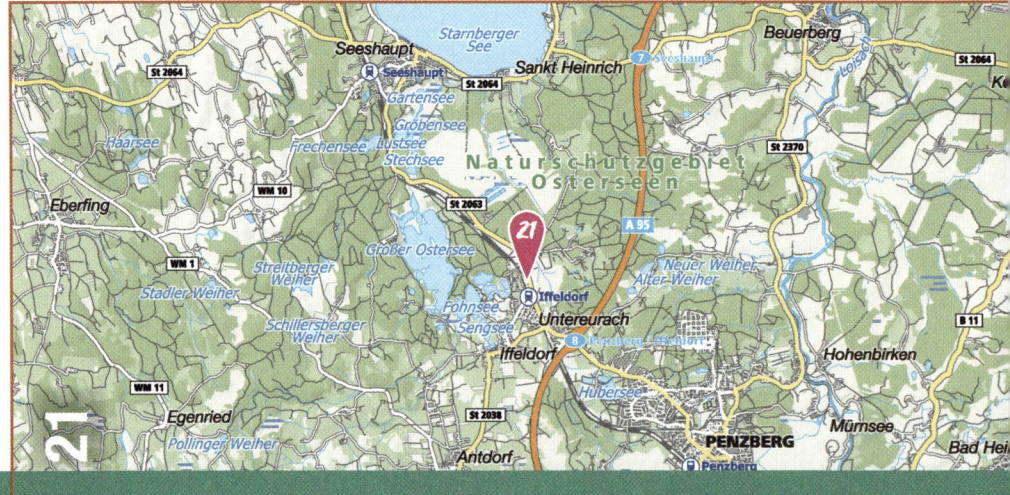

Start & Ziel & Anreise

Parkplatz beim Bahnhof Iffeldorf im Ortsteil Staltach. Mit dem Auto auf der BAB A95 München–Garmisch-Partenkirchen bis zur Ausfahrt 8 Penzberg/Iffeldorf. Nach Iffeldorf abbiegen und auf der Staltacher Straße rechts zum Bahnhof Iffeldorf. Mit der Bahn, Linie RB66, von München nach Kochel am See bis zum Bahnhof Iffeldorf.

Tourenbeschreibung

Vom Iffeldorfer Bahnhof wenden wir uns nach rechts und lassen das Feuerwehrhaus linker Hand liegen. Die Straße „Am Bahnhof" führt uns zum Gut Staltach. Kurz davor müssen wir rechts herumgehen und gelangen zur Bahnunterführung. Dort dreht das Weglein nach links und führt in den Wald hinein. Über die folgende Kreuzung geht es geradeaus hinüber und bei der nächsten Einmündung müssen wir uns schräg rechts halten, dem Wegweiser Ostersee folgen, um bei der Verzweigung gleich darauf den linken Weg zu nehmen, der bis zum Großen Ostersee abfällt. Nun geht es auf dem Uferweg nach rechts mit Blick zur Marieninsel durch den Wald bis zum Badeplatz. Dort führt der Pfad rechts zur Kreuzung mit einem Fahrweg und dem Weg zum Tiergnadenhof Gut Aiderbichl.

Wir gehen links und gelangen zu den Bahngleisen, neben denen wir ein Stück entlanggehen. Hinter dem Steg über einem Bach kommt unsere Abzweigung nach links.

Wir wandern jetzt auf dem Ostersee-Rundweg an das nördliche Ufer des Ameissees und im Rechtsbogen über das Sumpfgelände an das Sträßchen zur Reha-Klinik in Unterlauterbach. Ein schöner Rastplatz am Sträßchen lädt zum Rasten ein. Danach gehen wir nach links und nach Unterlauterbach hinein. Linker Hand liegt der romantische Breitenauer See. Das Sträßchen führt uns an der Klinik vorbei zu einem Parkplatz.

An dessen Zufahrt biegen wir links ein und wandern zum Ufer des Großen Ostersees. Dem Ufer entlang folgen wir, bis der Weg auf das asphaltierte Sträßchen nach Gut Schwaig stößt. Wir wenden uns dort nach links und sehen bald rechter Hand den Brückensee. Am beschilderten Abzweig zum Frohnsee biegen wir links ein und kommen zur Blauen Gumpe. Von dem Holzsteg kann man den Quellentopf gut sehen.

Wir wandern auf dem Pfad weiter zum Steg über den Verbindungsbach zwischen Ostersee und Frohnsee. Hinter dem Steg nehmen wir den schmalen Weg links zum Ufer des Großen Ostersees. An der Verzweigung halten wir uns rechts, gleich erneut rechts und dann links auf den Weg zum Gut Staltach. Noch einmal gehen wir um das Gut herum. Jetzt ist der Bahnhof Iffeldorf und unser Ausgangspunkt schon in Sichtweite.

Blick über den Großen Ostersee auf das Wettersteingebirge

Heimgarten

Heimgarten

Hebertsberg

Gassenried

Heimatmuseum

Ober-
eglfing

Eglfing

Sportheim

Roß-
gehag

Atzenberg
675

681

Schinderfilz

Unter-

655

672

Hechenrain

Streicher

664

Rußbichl

Uffing

647

Waltersberg
690

Pullach

der Platte
781

Tafertshofen

Vogelmühle

680

700

Grub

Uffing
a. Staffelsee

658

Annaberg
740

Harberg

Röthenbach

Alpenblick
B

Rieden
658

691

692

Achfilz

Tannenbach-
filz

667

665

NSG

Gemeindebad

Mühlwörth

682

P

654

Obernach

663

Aichale

Steigenberg

Buchau
657

Seehausen
am Staffelsee
665

NSG

Westlicher

Staffelsee

Zum
Stern

B

671

Ach

S t a f f e l s e e

Wörth

Zum Burgstüberl

St. Simpert

Halbinsel Burg

Murnau

angrenzenden Mooren
(Wegegebot!)

Obernacher Moos

Große-
Birke

Kleine-
Birke

682

(April–Oktober)

B
P

22

Gries
zu Mu

705

668

700

N

695

Karpferweiher

Seeleiten

Klinik
Hochried

Klausenhof
Hotel am Park

Hocheck
737

675

Westried
686

Hst. Grafen-
aschau

691

Berggeist

Ammergaubahn

Hermannswiese

718

Hst.
Seeleiten-Berggeist

Oberried
707

Alpenhof
Murnau

Münter
Haus

Ramsach

NSG

685

Moosrain

632

N a t u r s c h u t z -

Ahndl

Info-Stadl
Murnauer Moos

Mühlhabing

Moosgehöft

Rößlissee

Schlechtengraben

W e i d

654

P

Lange Filze
667

Hohenborgen-
moos

m o o s

0   500m

630

Café
Habersetzer

Grafenaschau

H o h e n b o r g e n -

g e b i e t

Weidmoos

22

Genusstour

Am Staffelsee

Auf dem Staffelsee-Rundweg, dem Klassiker im Blauen Land

DAUER	5h
LÄNGE	21,5 km
AUFSTIEG	200 hm
SCHWIERIGKEIT	MITTEL
MIT ÖFFIS ERREICHBAR	ja

Das erwartet dich ...

Die Umrundung des Staffelsees mit seinen sieben Inseln ist ein Klassiker unter den Wanderwegen im Blauen Land. Für den Staffelsee-Rundweg muss man durchaus Ausdauer mitbringen, doch ist er mit seinen Ausblicken auf See und Alpenvorland besonders reizvoll. 21 Kilometer wollen erst einmal erwandert werden. Es ist aber möglich, die Tour nach rund 13 Kilometern mit einer Schifffahrt abzukürzen. Beim Seerestaurant Alpenblick fährt das Motorschiff nach Murnau zurück. Zumindest sollte man aber eine ausgiebige Rast im schönen Biergarten machen.

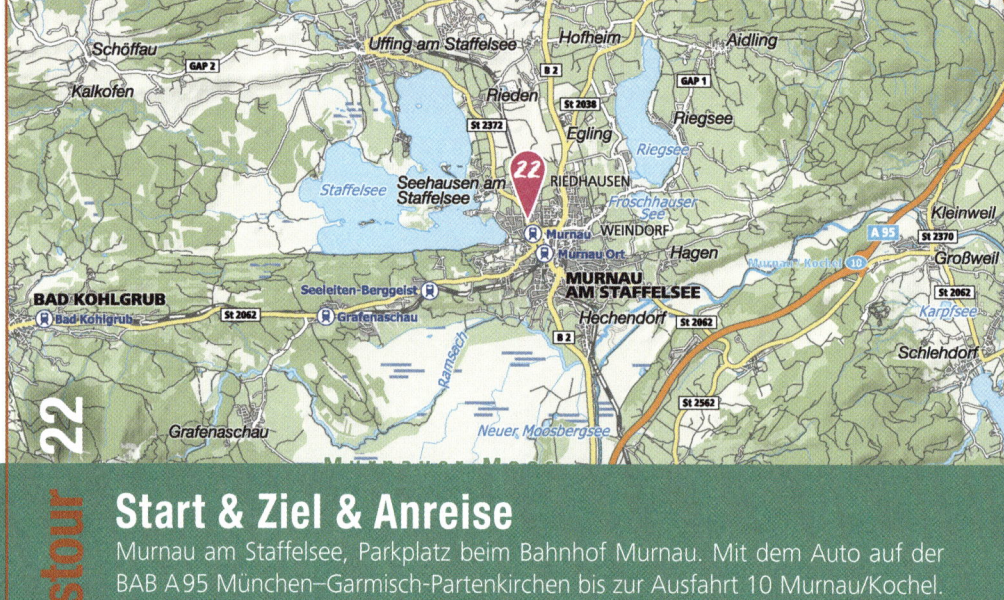

Start & Ziel & Anreise

Murnau am Staffelsee, Parkplatz beim Bahnhof Murnau. Mit dem Auto auf der BAB A 95 München–Garmisch-Partenkirchen bis zur Ausfahrt 10 Murnau/Kochel. Nach Murnau am Staffelsee fahren und dort von der B 2 zum Bahnhof Murnau abbiegen. Mit der Bahn, Linie RB60, Werdenfelsbahn, von München–Reutte in Tirol bis zum Bahnhof Murnau.

Tourenbeschreibung

Beim Bahnhof gegenüber vom Ausgang steht eine sehenswerte historische Lokalbahnlok. Wir gehen aber rechts und finden bereits den Wegweiser zum Staffelsee. Wir gehen unter den Bahngleisen durch zu den Sportplätzen und stehen vor dem Strandbad Murnau.

Dort biegen wir rechts ab und schlendern auf der schönen Seestraße, mit einzigartigem Blick über den See zur Insel Wörth hinüber. Am Burgweg wenden wir uns nach links zur Landspitze mit Campingplatz. Der schmale Georg-Lindner-Weg zweigt vom Burgweg rechts ab und führt uns zum Staffelsee. Über eine Brücke gelangen wir zum Parkplatz mit Bootsverleih. Wir gehen links zur Anlegestelle und umrunden das Strandbad Seehausen mit einem Café.

Am Parkplatz nun links auf der Straße „Am Strandbad" zur Straße Roßpoint folgen. Hier biegt der Seerundweg links ab und am „Am Arnbach" rechts zum Sträßchen „Äußeres Seefeld". Wir wenden uns nach links und nach wenigen Schritten gehen wir rechts zu einem Wiesenpfad und dann immer geradeaus bis nach Rieden.

Parallel zur Staatsstraße führt ein Weg links zum Schloss Rieden. An der Zufahrt zum privaten Schloss zweigt unser Weg rechts ab und führt in der Rechtskurve auf schmalem Weg links um den Ort herum zur Bahnunterführung. Dahinter wenden wir uns nach links und wandern immer an der Bahn entlang bis zum Bahnübergang nach Uffing. Wir gehen links nach Uffing bis zur Murnauer Straße. Auf ihr kurz nach rechts, am Rastplatz links zur Seehauser Straße und anschließend zum Strandbad abzweigen.

Am Seerestaurant Alpenblick mit Anlegestelle biegen wir rechts zur Kirchtalstraße ein und „Am Seewinkel" links zum Staffelseeufer. Aber nur kurz, denn der erste Weg rechts ist unserer, der hinauf zur Straße. Rechts sehen wir einen Weg, der von der Straße links abzweigt und über die Ach führt. Am Sportplatz gehen wir rechts vorbei zur Röthenbachstraße. Jetzt geht es links Richtung Süden bei der alten Eiche vorbei zu einer Verzweigung. Wir nehmen den rechten Weg zum Ufer und kommen zur Brücke am Tannenbach.

Wir folgen dem Sträßchen mit gleichem Namen bis zur Obernacher Straße. Scharf nach links folgen wir ihr durch den Wald bis zum gegenüberliegenden Waldrand. An der Verzweigung heißt es links abbiegen, jetzt entlang der Ach über ihre Brücke im Großen Filz zu einem linken Abzweig. Er führt erst über das Obernacher Moos und dann in einem linken Bogen an den Staffelsee.

Hier genießen wir nun den langen Weg am Ufer nach Murnau zurück. Auf dem Seewaldweg erreichen wir den Parkplatz in der Seestraße. Wir gehen über den Parkplatz, dann rechts zwischen den Sportplätzen hindurch und linkshaltend zum Bahnhof Murnau zurück.

23

23

Flusstour

Zum Plansee

Im Tal der Naiderach durch die Ammergauer Alpen

DAUER	5h 30min
LÄNGE	19,6 km
AUFSTIEG	220 hm
SCHWIERIGKEIT	MITTEL
MIT ÖFFIS ERREICHBAR	ja

Das erwartet dich ...

Auf dieser langen Wanderung geht es unterhalb des Schellschlicht und des Hochschober durch das enge Tal der Naidernach an der deutsch-österreichischen Grenze. Ausblicke auf die markanten Bergriesen der Ammergauer Alpen und des Wettersteingebirges gibt es genug. Am schönsten aber wird es am romantischen Plansee. Eingebettet in eine einzigartige Bergwelt und umgeben von der Naturparkregion Reutte bietet der Plansee Naturgenuss pur. Er ist über einen 300 m langen Kanal mit dem Heiterwanger See verbunden.

Start & Ziel & Anreise

Garmisch-Partenkirchen, Ortsteil Griesen, Parkplatz an der B23. Mit dem Auto auf der BAB A95 von München–Garmisch-Partenkirchen bis zum Autobahnende Eschenlohe. Weiter auf der B2 nach Farchant. Nach dem Tunnel auf die B23 abbigen Richtung Österreich bis nach Griesen kurz vor der Landesgrenze. Mit der Bahn, Linie RB60, von München–Reutte in Tirol bis zum Bahnhof Griesen (Oberbayern).

Tourenbeschreibung

In Griesen starten wir bei der Brücke über die Naidernach direkt neben der Kapelle Maria Heimsuchung und folgen einem Fahrweg sehr lange und weitgehend eben. An der Naidernach verläuft die Grenze zwischen Deutschland und Österreich.

Unser Wanderweg verläuft erst auf der deutschen Seite und wechselt später nach Österreich. Wir sind aber erst am Anfang der Wanderung und erreichen nach längerer Strecke einem Stadel. Wir bleiben im Tal der Naidernach. Auf einer Höhe von 900 Meter erreichen wir den Punkt „Bei den drei Wassern", wo von links das wilde Schobertal und der Neuweidbach herunterstürzen. Einen gewaltigen Schuttkegel haben sie angeschwemmt. Im weiteren Verlauf wendet sich die Forststraße nach links, quert auf einer Brücke die Naidernach und die Grenze zu Österreich.

Die Forststraße steigt jetzt merklich und führt im Linksbogen hinauf in den Wald. Bald folgt eine enge Rechtskurve, die uns weiter hinaufbringt. Im Wald folgen wir dem Sträßchen in einem rechten Bogen und bald durch eine enge Linkskurve Richtung Plansee. Am Waldrand erreichen wir einen schönen freien Talgrund, den Seewinkel am Plansee.

Wir gehen geradeaus zum Campingplatz am Plansee. Hinter der Brücke des Thorsäulenbaches mit seinem breiten Schotterbett gelangen wir an das Strandbad Plansee und zum Hotel Forelle.

Hier an einem der schönsten Bergseen Tirols können wir einkehren und auf der Terrasse die Bergwelt genießen. Im Sommer hat auch der Kiosk am Strandbad geöffnet. Am wunderschönen Plansee in Tirol ist das Ziel der Wanderung erreicht. Unser Rückweg verläuft auf der gleichen Route zurück nach Griesen.

Wir folgen der Naidernach bis zum Plansee

Schafkopf
1380
999
1600
Hasenjöchl
Gießenbachalm
Rossalm
1580
Gießenbachalm (verf.)
1668
Brünstelkopf
1814
Vord. Brünstelkopf
1734
1294
Gießenbachsattel
1315
Reschberg
Wassertal
Farchant
672
Alter Wirt
1895
Großer Zunderkopf
Kleiner Zunderkopf
1928
derer Felderkopf
Herrentischgr.
Brünstelhütte
Kaltwasser
Blattgraben
Bachgraben
885
Grubenkopf
967
Jhtt.
Diessener Hütte
Reschberg-wiesen
1036
Lahnenwiesgr.
Lahnenwiesgraben
Berggasthof Pflegersee
Schlosswald
Pflegersee
Deutsche Alpenstraße
Burgrain
Ruine Werdenfels
691
Werdenfelser Hütte
(Wiesgraben)
Stepbergeck
chbichlrücken
Stepberggraben
1683
Roßkarköpfe
1712
Alple
Königsstand
1453
Seleswände
1817
Schwaigwang
Schmölzer See
Fürstenbrunnen
Schwarze Wand
894
epbergalm
Kuhkar
Roßkar
1985
Kramerspitz
Kramer
Felsenkanzel
St. Martin
1028
Grasberg
(in Bau)
Predigtstuhl
1472
1338
Bayernhalle
Garmisch-Partenkirchen
23
2
E533
Kletterwa
St. An
Kriegerkapelle
Kramertunnel
Museum Aschenbrenner
Kurpark
Michael-Ende-Hotel Ausstellung
Zugspitze
Werdenfels-Museum
Richard-Strauss-Institut
Gsteig-Kap
24
Almhütte
Maximilianshöhe
863
Militärgelände
Brunnthaler
Olympia-Eissport-Zentrum
Freizeitpark Loisachbad
Techno Wandl
831
Gelbe Wände
DAV Boulderhalle
Alpspitz-Wellenbad
Militärgelände
Herrgottschrofen
Breitenau
Hst. Untergrainau
Loisach
Hp. Hausberg
Hausberg
Kochelberg
863
Lodge am Hausberg
Rieß
Untergrainau
Huberpark
Grainau
758
Schmölz
Zugspitzbahn
Katzenstein
Katzenstein
852
Rießersee
Kochelbergalm
Petersbad
Aulealm
Bobmuseum
ehem. Olympiabobbahn
Rießerkopf
1127
Vorderer Hausberg
Fuchslern
Obergrainau
Kurhaus
Kreuzeck-Alpspitzbahn-Talstation
Kandahar
Hausbergbahn
Hammersbach
Zugspitzbahn
Osterfelderhof
Rießerkopf-u. Tonihütte
1096
Hammersbacher Hütte
Kreuzeckbahn
Kandahar Express
Hausberg
1335
Garmischer Haus (nur Wi.) 1310
Bayernhaus
1258
Sattlerhütte
(nur Wi.)
Kuhwaldl
Waldeck
1238
0
500 m
Stangenwald
Tröglhütte
1429
Stegerwald
Drehmöserwald

Genusstour 24

Zum Pflegersee

Der Kramerplateauweg auf der Sonnenseite über Garmisch

DAUER	3h 15min
LÄNGE	12,4 km
AUFSTIEG	200 hm
SCHWIERIGKEIT	LEICHT
MIT ÖFFIS ERREICHBAR	ja

Das erwartet dich ...

Ein bezaubernde Wanderung auf dem Kramerplateauweg zum Pflegersee am Königsstand erwartet uns. Vom relativ eben verlaufenden Weg haben wir eine fantastische Aussicht auf die Gipfel des Wettersteingebirges und über Garmisch-Partenkirchen zum Krottenkopf. Am Berggasthof Pflegersee können wir herrlich einkehren und ein Bad nehmen.

Genusstour

Start & Ziel & Anreise

Parkplatz beim Tierheim Werdenfels in der Schmalenau. Mit dem Auto auf der BAB A95 von München über Eschenlohe auf der B2 nach Farchant. Nach dem Tunnel auf die B23 abbiegen und im Ortsteil Garmisch von der B23 rechts in die Äußere Maximilianstraße fahren, dann links zur Maximilianshöhe und zum Tierheim. Mit der Bahn, Linie RB60, von München zum Bahnhof Garmisch-Partenkirchen. Vom ZOB mit dem Ortsbus, Linie 1, zur Haltestelle Äußere Maximilianstraße. Dann 10 Minuten Fußweg bis zum Tierheim.

Tourenbeschreibung

Vom Tierheim Werdenfels gehen wir auf der Kiesstraße am Waldrand entlang in den militärischen Bereich hinein und halten uns bei der ersten Fahrwegverzweigung nach rechts, um zum Kramerplateauweg hinaufzugehen. Nach etwa 200 Meter treffen wir auf die bestens ausgebaute Promenade, die scharf nach rechts abzweigt. Hier fällt der Weg in zwei Kehren zu einem Brücklein ab und führt uns zu einem Fahrweg. Wir wandern geradeaus über den Bach und kommen zur Kneippanlage auf der Maximilianshöhe und dem Berggasthof Almhütte.

Geradeaus über die Wiese mit vielen einzelnen Bäumen gelangen wir an eine Wegekreuzung und gehen geradeaus weiter. Bald darauf bringt uns ein Steg über das Geröllbett der Ackerlaine und es öffnen sich schöne Ausblicke auf Garmisch-Partenkirchen und das Karwendelgebirge.

An der Fahrstraße, wo es links nach St. Martin hinaufgeht, queren wir diese und stoßen auf dem Kramerplateauweg an eine Wegekreuzung. Wir bleiben auf dem breiten Weg nach halblinks, nicht ganz links, und kommen an die Straße zum Pflegersee. Parallel zur Straße gehen wir hinauf an den See und zum Berggasthof Pflegersee, zu einer super Aussicht und leckerem Essen auf der Seeterrasse.

Wer eine Abkühlung braucht kann am Strandbad in den See eintauchen. Der Rückweg verläuft bis zum Parkplatz neben dem See entlang, doch bei der Infotafel wenden wir uns nach rechts und folgen dem Kellerleitensteig durch den Wald hinauf. Der Fahrweg schnürt sich zu einem Wanderweg zusammen. Am Steg bei einem Bach kommt von rechts der Prälatensteig herunter.

Beide Steige führen zur Brücke der Kramerrunse. Links geht es zu einem Wasserfall. Wir gehen aber rechts auf dem Kellerleitensteig hinunter zum Abzweig am Kramerplateauweg.

Jetzt haben wir den Hinweg erreicht und wenden uns nach rechts zum bekannten Berggasthof Almhütte. Dort gehen wir links zur Straße und auf ihr zum Tierheim, unserem Ausgangspunkt.

Über dem Kramerplateauweg ragt die Alpspitze auf

25

Aschenmooswald
Sonnenhof Klais
Klais
933
Am Berg
1186
Hirzeneck
Kochelgraben
Köcheli Wald
1092
Scharfes Moos
Am Quicken
Auf dem Tennsee
E533
Buckelwiesen
Tonihof
Goas Alm 1000
1112
Im Drüssel
Das Kranzbach
Kranzbach
1034
Roßgraben
Militärisches Sperrgebiet
Schmalenseehöhe
960
Sepplhof
Hochseilgarten
Am Horn
Isarhorner Alm
Gebirgsjäger-Ehrenmal
Am Schmalensee
Kreidewerk
Schmalensee
Bäckeralm
1185
Auf den Tennen
Kamilach
Brendten
1193
Kaserne
Edelweiß-kaserne
Luttensee
Wildensee
Wildensee 1180
1352
1259
Kleiner Kranzberg
Kranzberg-Diensthtt.
Luttenseealm
1009
Karwendel-kaserne
Hussel-mühle
Hirnschlag
Hoher Kranzberg
1391
1350
Kranzberghaus (dzt. geschlossen)
1211
Korbinianhtt.
Gröblalm
1366
Auf der Hochbrücke
St. Anton
Gertraudtafel
Ferchenbach
Gratzenköpfl
1115
Gratzenraut
Geigenbau-museum
Mittenwald
911
Hubertushof
Karle
Kurpark Puit
Laintal
Ferchensee
Ferchensee
(1060)
Hotel Lautersee
Lautersee Alm
1066
Lautersee
(1012)
Hotel Drachenburg
Eisstadion
Kohlenbrandl
Ferchenseewände
1174
Ederkanzel
1184
1194
Burgberg
1450
1588
Grünkopf
Untere-(Gemskopf)
2298
2151
Wettersteinspitze
Klammbrücke
Höllkapelle
Isarena
Im Ried
Leutascher Geisterklamm
Lindlahnkopf
1795
Staublehn
Klammen
Norbkopf
Ruhegebiet (15.11.-15.04.)
Schanz
Bärenwirt
Zum Klammgeist
Gletscherschliff
Wirtsberg
Burggraben
1547
Wildsteinkopf
Nasenkopf
Grieslehn
Gasthaus Brücke
1040
Mühle
Schartenkopf
1616
Diensthtt. (verf.)
Sulzlewald
Lindlahn
Reiter-klause
Unterkirchen
1040
Riedalm
936
Brunnenwald
Rosumer
Scharten-tal
Riedbergscharte
Hänge-brücke
Brunnsteinhütte
1523
Rossbrand
Brunnen
Schachen
1430
Tiefes Tal
Isar
Die Streaf
Kugler Schrofen
Riedkopf
1860
Schwarzwald
Brunnsteineck
Riedberg
Ried-boden
Ruhegebiet (15.12.-15.04.)
Leutascher Ache
Achterköpfe
1179
Brunnsteinköpfl
Buchwald
Xanderstal
Hühneregg
2024
Hasellahne
Gr. Arnspitze (Gr. Ahrnspitze)
2196
ehem. Bleibergwerk
Am Brunnstein
0 500 m
Scharnitzer Klause
Mitterlehn
NSG
Weites Kar
Abgesprengte
Porta Claudia
Marchklamm

Panoramatour 25

Der Hohe Kranzberg

Hoch über dem Lauter- und dem Ferchensee

DAUER	3h 25min
LÄNGE	10 km
AUFSTIEG	450 hm
SCHWIERIGKEIT	LEICHT
MIT ÖFFIS ERREICHBAR	ja

Das erwartet dich ...

Eine aussichtsreiche Rundwanderung von Mittenwald über den Lautersee zum Gipfel des Hohen Kranzberg. Der Abstieg führt über den Ferchensee nach Mittenwald zurück. Einkehren können wir auf dem Hohen Kranzberg, am Lautersee und am Ferchensee. Der beliebte Aussichtsberg ist von Mittenwald herauf mit einer Seilbahn erschlossen, zur Sommerzeit herrscht deshalb am Gipfel reger Betrieb. Wer es ruhiger mag sollte im November zum Kranzberg wandern. Verirren kann man sich kaum, da alle Wege gut beschildert sind.

Start & Ziel & Anreise

Mittenwald, Parkplatz an der ersten scharfen Linkskehre der Straße von Mittenwald nach Leutasch. Mit dem Auto auf der BAB A 95 von München bis Eschenlohe, dann auf der B 2 bis Mittenwald zur Ausfahrt Nord, durch den Ort und zur Abzweigung nach Leutasch. Mit der Bayerischen Regionalbahn, Linie RB 6, von München nach Mittenwald. Weiter mit dem Wanderbus vom Bahnhof Mittenwald zum Lautersee und Ferchensee; verkehrt von Mitte Mai bis November.

Tourenbeschreibung

Vom Parkplatz an der Straße nach Leutasch vorsichtig die Fahrstraße queren und von der Straßenkehre ca. 10 Minuten auf einer Asphaltstraße zum Hotel Drachenburg laufen. Etwa 100 Meter dahinter biegt rechts ein Sträßchen ab und verzweigt sich. Dort noch kurz am asphaltierten Fahrweg bleiben, aber schon bei der folgenden Verzweigung links abbiegen. Nun wandern wir auf einem breiten Weg stark ansteigend hinauf zum malerischen auf 1014 Meter gelegenen Lautersee.

An der Marienkapelle nördlich des Sees vorbei gehen wir am Bach über die Brücke und folgen der Wegtafel zum Kranzberg in den Wald hinein. Ein gut beschilderter Pfad schlängelt sich nun im lichten Wald bergwärts, bis er auf eine breite Forststraße stößt. Auf dieser Straße ein paar Schritte nach rechts hinauf und gleich wieder rechts auf ein schönes Weglein abzweigen, das zum

Kranzberghaus bzw. zum oberhalb davon gelegenen Pavillon auf dem Gipfel des Hohen Kranzberg (1391 m) führt. An schönen Tagen lassen sich hier 93 Gipfel zählen.

Der Abstieg kann auf der Zugangsroute erfolgen. Wer aber noch den Ferchensee besuchen will, biegt unterhalb der erwähnten, kurzen Straßenstrecke, etwa auf 1251 Meter Seehöhe, nach rechts ab, folgt dem Weg in einem Rechtsbogen relativ steil hinab und kommt direkt zum Ferchensee.

Das Gasthaus Ferchensee ist mit seiner Lage direkt am Seeufer ein sehr schöner Ort für eine Einkehr. Von diesem idyllisch gelegenen See zum Lautersee folgen wir dem breiten Fahrweg zu einer Verzweigung, der wir links hinunter zum Restaurant „Seehof Lautersee" am Lautersee folgen. Noch ein wenig am Ufer entlang und wir sind am Strandbad und bei unserem Aufstiegsweg angelangt.

Nach Mittenwald gehen wir nun den Aufstiegsweg abwärts zum Parkplatz.

Die Marienkapelle am Lautersee

Kochelsee

Raut 885
Hohe Tanne 950
Jagdhütte
Auf der Platten
Schmalwinkel
Raut
Am Stein
Panoramablick
872
Langental
Diensthtt.
Erleb Kraftw Walchen

Einödbauer
Ohlstädter Wasserfall
Simmersberg 1052
1113
† 1394 Rötelstein
Jhtt.
Rauteck 1096
Mittereck
Rosskopf 891
Rauteckalm
Schaumburg kreuz)
Kleiner-Illing 1185
Großer-Illing 1313
Käserberg 1384
Bergwachthütte Käseralm
Unteraueralm
Rauteckkopf 1509
Am Alple
Schlehdorfer Aim 1426
Rauchkopf
Urfe

1341
1170
Ochsenalm
Leonhardstein
Bärenfleckhütte 1344
Rauchköpfel 1508
1525
Schwarzer Rain
Ressenwand

1535 † Rauheck † 1590
Jhtt. Jhtt.
1452 Grießkopf
Ohlstädter Teilberg 1457
1377
HEIMGARTEN
Bergwacht-Diensthütte
Heimgartenhütte
Herzogstand 1731
Pavillon
Martinskopf 1675 †
Herzogstandhäuser 1575
Fahrenberg 1627
Kirchelwand

Rotwandkopf 1519
Ohlstädter Alm
Klause
Lerchwald-alpel
Herzogstandbahn
Deutsche Alpenstraße

Hirschbergalm
Hirschau
1077
1503
1108
Holzkopf
Weißer Schrofen
26
Bucherer
Wasserwacht
Wikingerdorf Flake
Walchensee 813
Zur Post

1406
1209 Fünfzig-Gulden-Htt.
Silbertsgraben
Seestüberl
St. Anna
St. Margareth 803
Zwergern
Edeltraut
Lobesau
Katzenkopf

Grießberg 1351

Escherlaine
Walchensee

11
Einsiedl
B
Mautstelle
Steinriegel
972

Simetsberg 1840
Plattlaine
Obernach

Simetsberg-Diensthütte
Tyrolerhütte

0 500m

Gipfeltour 26

Über dem Walchensee
Herzogstand und Heimgarten

DAUER	6h
LÄNGE	13,3 km
AUFSTIEG	1250 hm
SCHWIERIGKEIT	MITTEL
MIT ÖFFIS ERREICHBAR	ja

Das erwartet dich ...

Der Herzogstand ist einer der berühmtesten Münchner Hausberge und wartet mit grandiosem Gipfelblick auf. Wir blicken südwarts auf den Walchensee und das dahinter liegende Karwendel und nach Norden über den Kochelsee in das Flachland. Die lange Wanderung verlangt gute Kondition und Ausdauer. Schwierig ist sie nicht. Der Gratübergang vom Herzogstand zum Heimgarten ist sehr gut gesichert und einfacher als sein Ruf. Trotzdem darf man dort nicht leichtsinnig sein und muss sich auf den Pfad konzentrieren.

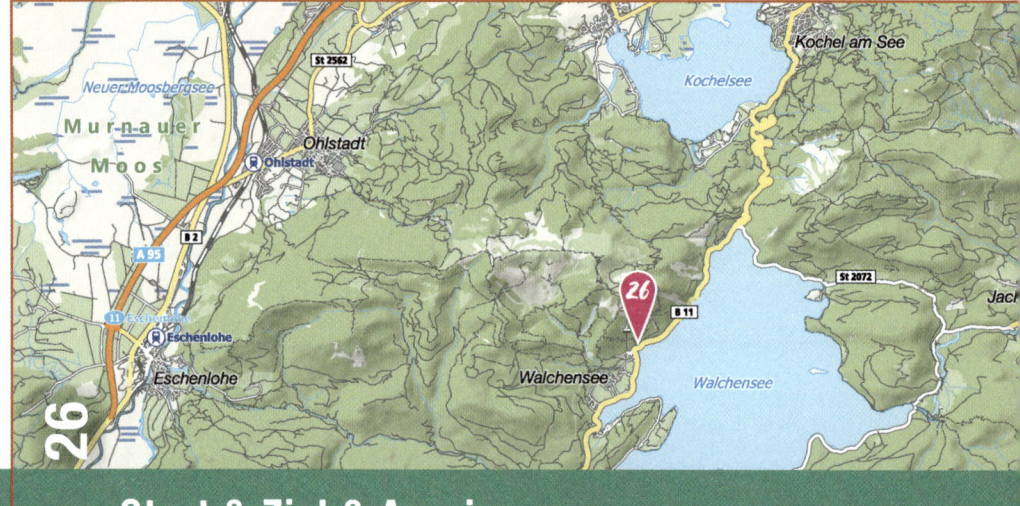

Start & Ziel & Anreise

Walchensee, Parkplatz an der Herzogstandbahn. Mit dem Auto auf der BAB A 95 München–Garmisch-Partenkirchen bis zur Ausfahrt 10 Murnau/Kochel. Nach Kochel am See abbiegen und im Ort auf die B 11 nach Walchensee zur Herzogstandbahn. Mit der Bahn, Linie RB66, von München nach Kochel am See. Vom Bahnhof mit dem Bus, Linie 9608, bis nach Walchensee zur Haltestelle Herzogstandbahn.

Tourenbeschreibung

Beim Parkplatz der Herzogstandbahn beginnt ein gut bezeichneter Bergweg und führt sogleich in den Wald hinein. Dann steigt er in Kehren an und dreht bald links ab, führt unter der Seilbahn durch, und nach einer längeren Waldetappe an einen eindrucksvollen Wasserfall heran. Dahinter wird es ziemlich steil, bis man nach einer ausholenden Rechtskurve das Herzogstandhaus erreicht.

Spätestens dort ist es mit der Bergeinsamkeit vorbei. Wir sind am Königshaus und am Berggasthaus Herzogstand angekommen. Der Herzogstand war ein Lieblingsberg Ludwigs II. Hier ließ er ein großes „Königshaus" errichten, mit Aussichtsplattform auf dem Dach. Ein fast eben verlaufender Bergweg führt ab hier unter dem Martinskopf zu einem Serpentinenweg, der durchs Krummholz zum Gipfelkreuz und zum Aussichtspavillon auf dem Herzogstandgipfel auf 1731 Meter hinaufführt.

Das war jetzt alles relativ einfach. Etwas spannender fällt der Gratübergang zum Heimgarten aus. Die lange Verbindung beginnt westlich des Gipfels, wo wir anfangs etwas absteigen und dann in längerem Auf und Ab dem Gratweg folgen. Solide, aber teilweise abgegriffene Felsen und Drahtseile gewähren immer die nötige Sicherheit. Zuletzt steigt der Bergpfad vom Grat steil zum freien Gipfel des Heimgartens auf.

Vom zweiten, aussichtsreichen Gipfelziel geht es ein paar Meter zur Heimgartenhütte, von Mitte Mai bis Mitte Oktober geöffnet, hinab und über die Hüttenterrasse nach Süden, und wieder etwas steil und unbequem zum breiten Wiesensattel bei der kleinen Ohlstädter Alm hinunter.

Im Sattel verzweigt sich der Weg. Unsere Abstiegsroute steigt wieder deutlich an, beschreibt unter dem Rotwandkopf einen Bogen und weiter über einen bewaldeten Grat bergab, bis schließlich eine Verzweigung erreicht wird. Bei ihr halten wir uns rechts und kommen zu einen breiten Spazierweg an einem Bach, dort links abbiegen, an einem Murenfang am Deiningbach vorbei, durch die Ortschaft Walchensee und wir sind wieder am Ausgangspunkt zurück.

Ausblicke über den Jochberg auf unzählige Gipfel der Bayerischen Voralpen

Kochel am See

Kohlleitenalm

782

Zwieselschrofen
Stutzenstein
.892

erwirt
Kloster
St.Tertulin

Klosterbräu

Schlehdorf
609

Aspenstein

Mayrhof 605

Kristall Therme
trimini

661

Kochler
Stuben

640

Franz Marc Museum

Feuer

Breiteck
1351

Bergelskopf
1413

Maieralp
(verf.)

Diensthütte

K O C H E L S E E
(599)

Grauer
Bär

Kienstein

Raut

Panorama-
blick

Brandenstein

1271
Sonnenspitz .1281

Graseck .1281

Kaltwasserwand
1263

Holzstube

Talfl

A m   S t e i n

Altjoch

Birg

Geißalm
(Jhtt.)

Deutsche
Alpenstraße

Kesselberg
875

Jochberg
1565

Kotalm
1133

eck

Langental

872

Diensthtt.

Erlebnis-
Kraftwerk
Walchensee

Kesselbach
fälle

11

27

850

Jocheralm
1381

Rotmoos

kopf

Walchensee
museum

Desselkopf

Mitterberg
1240

1155
Psengber
-Futterpla

Am Alple

Urfeld

Café
am See

Karwendelblick

Desselgraben

Diensthütte

Schlehdorfer
Alm
.1426

Reisserwand

805

Kiosk
(Sommer)

Fischberg
.1164

Fieberkapelle

Rauchkopf
Fahrenberg
1627

Kirchelwand

Sachenbach

Diensthtt.

Diensthtt.

1101 .

Katzenkopf

Herzogstandbahn

Deutsche
Alpenstraße

-135

W a l c h e n s e e
(802)

Betretungsverbot!
NSG
Sassau

Beim Steineck

Am
Fuchsenfleck

Waldschänke

Niedernac

Bucherer

Wasserwacht
Wikingerdorf Flake

Walchensee
813

zur Post
Seestüberl

St. Anna

St. Margareth
803

Zwergern

-125

Mühlf

-49

Wasserwacht

Altlach

Mathias

Breitort

Hexenbr

0   500m

Gipfeltour 27

Jochberg-Rundtour

Ein Gipfel mit fantastischem Panorama

DAUER	4h
LÄNGE	8,9 km
AUFSTIEG	780 hm
SCHWIERIGKEIT	LEICHT
MIT ÖFFIS ERREICHBAR	ja

Das erwartet dich ...

Eine märchenhafte Landschaft mit Blick über den Walchen- und Kochelsee zum Karwendel- und Wettersteingebirge. Er ist mit seinen 1565 m zwar nicht der höchste Gipfel, aber er punktet mit seiner fantastischen Aussicht. Der Weg zum Jochberg ist eine der bekanntesten Wanderungen der Bayerischen Voralpen. Eine Rundwanderung ist unbedingt zu empfehlen, da der Rückweg entlang des Walchensee-Ufers sehr schön und idyllisch ist.

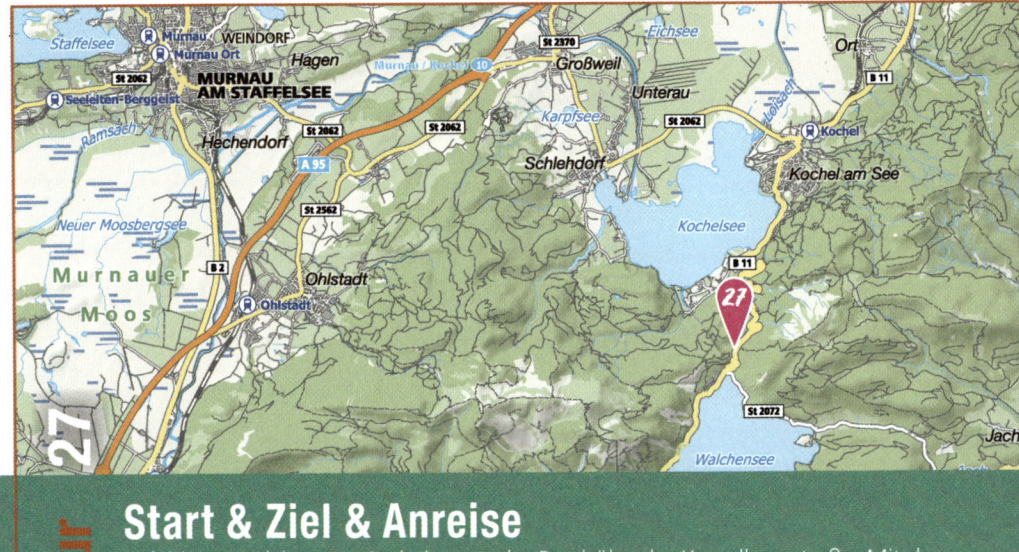

Start & Ziel & Anreise

Urfeld am Walchensee, Parkplatz an der Passhöhe der Kesselbergstraße. Mit dem Auto auf der BAB A 95 München–Garmisch-Partenkirchen bis zur Ausfahrt 10 Murnau/Kochel. Nach Kochel am See abbiegen und im Ort auf die B 11 Richtung Walchensee zum Parkplatz hinter der Passhöhe. Mit der Bahn, Linie RB66, von München nach Kochel am See. Vom Bahnhof mit dem Bus, Linie 9608, bis Haltestelle Kesselberg/Passhöhe.

Tourenbeschreibung

Direkt an der Kesselbergstraße beginnt der gut markierte und beschilderte Wanderweg, der Jochbergweg. Er steigt kräftig an und schlängelt ich zügig in den Wald hinein. Die dichten Buchen und Fichten gewähren nur wenig freie Blicke zum Herzogstand hinüber und zum stillen Kochelsee hinab, bieten aber Schatten. Allerdings gibt es einen Aussichtspunkt, eine kleine Lichtung auf der Höhe von gut 1300 Meter, der zur ersten Rast einlädt.

Hier verzweigt sich die Route und wir gehen links den steilen Pfad hinauf, bis er aus dem Wald austritt. Bald darauf stoßen wir auf ein Weidegatter, gehen durch dieses hindurch und ein wenig links zum freien Gipfelrücken hinauf. Zuletzt wird es dann noch etwas steiler, aber nicht wild, bis wir beim Kreuz auf dem kahlen Jochberg-Gipfel ankommen. Hier genießen wir die herrliche Aussicht zum Kochelsee und den Walchensee und zum Herzogstand gegenüber.

Wir können auf dem Aufstiegsweg zur Kesselbergstraße zurückgehen, oder aber eine Rundwanderung machen. Wer eine Rundtour vorhat, geht zum Weidegatter zurück, biegt dort links ab, quert den Hang und geht zur Jocheralm hinab.

Nach der Einkehr in der bewirtschafteten Alm bringt uns ein Fahrweg hinunter in den Wald hinein. Bald schon verlassen wir die schmale Straße nach rechts, in Richtung Sachenbach. Bei der nächsten Wegverzweigung geht man schon wieder rechts und steigt auf einem Waldweg ab, bis der Weg nach Sachenbach links abzweigt. Dort aber geradeaus weiter, dem Wegweiser nach Urfeld folgen und zum Walchenseeufer in Kehren hinab.

Von dort folgen wir der asphaltierten Straße am Seeufer nach rechts bis Urfeld. Dort gibt es das Café am See mit Bootsverleih. Und im Walchensee-Museum gibt es eine Sonderausstellung bekannter Künstler und Heimatkundliches zu sehen.

Das letzte Stück müssen wir auf einem Weglein direkt neben der stark befahrenen Kesselbergstraße zum Ausgangspunkt hinaufwandern.

Die Jocheralm lädt zur Einkehr ein, im Hintergrund ist der Jochberg zu sehen

Raineck 1192
Brünstkopf 1046
Unt. Schronbachalm
Kraftwerk Sylvenstein
Tunnel Wanderweg
Deutsche Alpenstraße 307
Achselköpfl 855
Walchenhütten
Walchental
Klamm

Klassenalm
Falkenwand 1228
Niedersalm
Adamskopf
Hennenköpfl
Falkenberg
Reiseralm-Diensthütte
Niederskopf 1036
Schindelberg 1145
Falkenberg
Stausee
Jägerbergl 988
Hühnerberg
Silberbergl (verf.)
Schwarzberg

Kirchmair-Niederalm (verf.)
Kirchmair-Hochalm (verf.) 1570
Hühnerbach-Niederleger (verf.)
895

28
Outdoorhotel
Jäger von Fall
Wasserwacht
Fall 773

Wildfütterung
Schürfengraben
Schürpfeneck
1623
Rotwand
Roßkopf 1528
Rotwandhütte

Roßkopf 1125
Wiesalm-Diensthütte
1131
Gschwender Leger
1625
Dürrnbergjoch 1835
Dürrnberg
Demeljoch
1923
Gruftsee
Zotenjoch
Rotwandalm-Hochleger
Rotwandalm-Niederleger

Grammersberg 1471
Krottenbachklamm
Kotzenmoos
Maieralm
Demel-Hochleger 1659
Zotenalm-Hochleger 1614
1398
Baieralm

Grammersbergalm
Kotzen-Niederalm (verf.)
Stierschlaghütte
Maieralm-Niederleger
1203
Zotenalm-Mitterleger
1383

Griesmann-Niederleger
Kotzen 1766
Dürrach
Demelalm
Raberskopf

Brandeck 1492
Weißes Möös
Weiße Hütte
Zotenalm-Niederleger

Klause
Unt. Lichteck 1707
Rohnkopf
Lerchkogel-Niederleger
Trogenköpfl 1464
Lochalm-Mitterleger 1425
Lochalm-Hochle

Ob. Lichteck 1980
Kotzenberg
1691
Kleiner Großer
Ludernalm Hochleger
Lerchkogel 1688
Lerchkogel
Grasmühlalm
Rappenköpfl
Lochalm-Niederleger 1139
Rethalm-Nie

Schafreuter (Schafreiter) 2101
Stierjoch 1908
Östliches Torjoch 1826 1818
Westliches Torjoch
Ochsentalleger (verf.)
Nonnenalm 1122
Schleusenwärterhaus 952
Jhtt. Pletzboden
971
Larchalm
Lochalm-Hochle

Torjoch 1833
Tölzer Hütte 1835
Delphshaß 1945
Delpssee
Delpsalm
1639
Platiwaldjhtt.
Ochsentalalm-Niederleger Jhtt.
1121
Feuersingeralm 1418
Lerchköpfl
Tiefenbachalm Niederleger

Delpsjoch
Baumgartenjoch
Ombrometer 1939
1101
Hölzelstalalm-Niederleger
Hochleger 1033
Flachalm-Niederleger
Sattelalm 1298
Katzenalm
Keilschlagalm

Baumgartenalm-Niederleger
1237
Hochstall-Niederleger
Hölzelstalalm-Mitterleger
Pöllenschlagalm 1043

Baumgartensattel 1554
Baumgartenalm-Hochleger
Jhtt. Roßangerl
Hochstall-Hochleger
1827
Laurisjoch

Schönalmjoch
Altkrot
Schonalm 1839
Altjoch 1986
Ochsentalalm-Hochleger
Hölzelstalalm-Hochleger
Laurisalm-Hochleger
Kuppel 1771
1773
Kotzen

Roßkopf 1558
Jhtt. Steilegg
Fleischbank 2026
Hölzelstaljoch 2012
Grasbergjoch (Ranger) 2020
1248
Eiskönigalm
Kuppelalm

Waldegg
1871
Eiskönigspitze (Heimjoch)
Plumsbachalm
Jagdhtt. 1198

Herzögl. Alpenhof
Fuggerangeralm Jagdhaus
Egglalm
Bircheggl 1578
1624
Karlkessel
Grasbergsattel 1540
Mondscheinspi 2106

Mautstelle Mai-Oktober
958
Karwendelau
Garberalm
Ruhegebiet im Winter
Grasbergalm 1540
Kesselboden
1748
1800 (nur für Geübte)

Maßstab 1:75.000
0   500m

28

Radtour

Mountainbike – Tour
Sylvensteinsee und Hölzelstaljoch

DAUER	7h 30min
LÄNGE	36,5 km
AUFSTIEG	1239 hm
SCHWIERIGKEIT	MITTEL
MIT ÖFFIS ERREICHBAR	nein

Das erwartet dich ...

Ideal für heiße Tage ist diese Bike & Hike-Tour im schattigen Bächental hinter Fall am Sylvensteinsee. Die Teerstraße bis zur Grenze nach Österreich und die meist perfekten Fahrwege werden erstaunlich viel von Almfahrzeugen frequentiert. Der 14 Kilometer langen, gemütlichen Zufahrt folgt ein steiler Fahrweg zur Hochstall-Alm. Von hier geht es zu Fuß steil hinauf zur Ochsentalalm, zum Schluss steiler und splittrig über den Hochstallsattel auf das 2012 Meter hohe Hölzelstaljoch.

Start & Ziel & Anreise

Fall am Sylvensteinsee, Wanderparkplatz an der Dürrachstraße. Mit dem Auto auf der BAB A8 München–Salzburg bis zur Ausfahrt 97 Holzkirchen. Nach Holzkirchen fahren und dort auf die B13 über Bad Tölz, Lenggries zum Sylvensteinsee. An der Staumauer rechts auf der B307 nach Fall und links in die Dürrachstraße einbiegen.

Tourenbeschreibung

Vom Wanderparkplatz auf der asphaltierten Dürrachstraße starten wir per Trekkingrad/Mountainbike durch den Wald zur Brücke über der Dürrach. Links liegt das Südende des Sylvensteinsees. Wir folgen dem Sträßchen im Rechtsbogen ins Bächental. Rechter Hand erkennen wir das Rauschen der Krottenbachklamm.

Bald tobt unter uns die Dürrach durch ihre Klamm. Leicht ansteigend führt das Sträßchen zur Landesgrenze nach Österreich. Wir passieren die ehemalige Jausenstation Aquila, die Häuser von Bächental und sehen gegenüber die Grasmühlalm. Am Schleusenwärterhaus erreichen wir die Staumauer des Stausees.

Wir fahren noch ein Stück geradeaus, dann rechts beim Verbotsschild für Räder über eine Brücke und auf dem Schotterweg im Linksbogen zur Brücke über den

Eiskönigbach. Hier erreichen wir den Pletzboden und halten uns an der Verzweigung rechts ins Baumgartental.

Am Abzweig zur Baumgartenalm-Niederleger fahren wir über die Brücke und rechts steil hinauf durch den Wald zur Hochstallalm-Niederleger.

Hier stellen wir unser Rad ab und gehen zu Fuß weiter Richtung Jagdhütte Roßanger. Ab der Bachbrücke geht es in Serpentinen an der Jagdhütte vorbei zur Baumgartenalm Hochleger. Kurz vor der Alm wenden wir uns nach links und gehen hinauf zur Ochsentalalm Hochleger. Wir sind nun auf 1630 Meter Höhe und können uns auf der Sitzbank an der Holzhütte ausruhen.

Jetzt wird der Weg zum Pfad und führt steil bergauf zum Hochstall-Sattel zwischen den Gipfeln Fleischbank und Hölzelstaljoch. Links gehen wir auf Steigspuren über den Kamm unters Hölzelstaljoch und gerade hinauf zum Wiesenbuckel am Gipfel mit einem kleinen Kreuz auf 2012 Meter Höhe.

Der Abstieg erfolgt auf der Route des Aufstiegs und mit dem Rad rollen wir nach Fall hinunter zum Wanderparkplatz.

Der Uferbereich des Sylvensteinsee im Herbstnebel

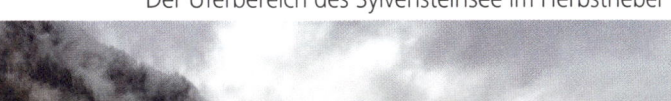

Fischbachmühl
Thal
Ochsenwöhr
Walgerfranz
Forellen-Gasthof
ELLBACH
701
Fischbach
Prösteln
Schützenhaus
Unter
-Mühl
Gasthaus
Fischbach
Abberg
Farchet-
Ratzenwinkl
NSG
Lechen
Voglsang
Haunleiten
702
Isar-KW
Ellbach-
moor
Auf der Höh
holz
Ober-
Kloiber
Waldfriedhof
Café
am Wald
Oberhof
658
BAD TÖLZ
Bürg
Moraltalm
Eichmühle
13
Hoheneck
Altes
Fährhaus
Kalvarienberg
707
Aigenhaus
Schwaig
Enzianbrennerei
Schwaighofer
Stadt-
museum
Bad Tölz
701
DAV-
Kletterzentrum
Buchbergstüberl
Straß
All
Kurhaus
Bulle von Tölz
Museum
Hacker-Pschorr-
Arena
Flinthöhe
Attenloh
Kiefersau
Clubhaus
Bergwacht-
Trainingszentr.
· 738
Reit
832
472
Spielhahnjäger-
Denkmal
Fürholzert
Bocks-
Karwendel-
Siedlung
Dorf
Reut
Attenloh
Filzen
Sonnershof
Dachshöhle
St.Anna-Quelle
leiten
Gaißach
Sauersberg
Burger
· 749
Untergries
Mühle
Ghs. Mühle
Hochfilzen
Hub
Bohmerhof
Knapp
13
Bach
29
Altwirt
Wackers-
berg
748
Zachschuster
Lehen
Wetzl
Pfistern
Wäckersberger Alm
1200
Pest-
Kapelle
Bibermühle
Stein-
pyramiden
Wiedmoos
Lexen
Schürfe
Heigelkopf
1205
Ober Hirschalm
Waldherralm
Lehen
Höfen
Puchen
Moosen
Schalch
unterm Berg
Unter Hirschalm
Baunalm
Schnait
Ott
Steinbach
Schalchern
Unterreuth
Oberreuth
Grundern
oaralm
Lus
Lain
Arzbach
Kellern
Untermberg
reilingeralm
Isarwinkler
Bräustüberl
Schusterpeter
Sport
stüberl
Obergries
Draxlau
Reiserlift
Blaika
Lex
Schweizer
wirt
Rain
Hüssenalm
Arzbacher
Hof
Untersteinpach
Obersteinbach
Adelwartalm
Brunnlochner
Seiböldhöfe
Steinbach
Ertlhöfe
Moralthof
Unterluß
Am Kei
845
Bairahof
Schlegldorf
Zum
Hansbauer
Denkal
970·
0   500 m

Wackersberger Isarrunde

Von der Wackersberger Hochebene durch die Isarau nach Bad Tölz

DAUER	2h
LÄNGE	7 km
AUFSTIEG	70 hm
SCHWIERIGKEIT	LEICHT
MIT ÖFFIS ERREICHBAR	ja

Das erwartet dich ...

Die abwechslungsreiche Rundwanderung führt von der Wackersberger Wiesenhochfläche im Isarwinkel über den Isartaler Hangwald hinunter in die Au der Isar zur romantischen Kleinstadt Bad Tölz mit ihrer Marktstraße, die auch „schönster Festsaal des Oberlandes" genannt wird und zur Kalvarienbergkirche, der „Krone von Tölz". Einkehren können wir in der Traditionsgaststätte Gasthof Altwirt in Wackersberg mit gemütlicher Gaststube und großem Biergarten und in Bad Tölz.

Start & Ziel & Anreise

Wackersberg, Parkplätze am südlichen Ortsende an der Dorfstraße. Mit dem Auto auf der BAB A8 München–Salzburg bis zur Ausfahrt 97 Holzkirchen. Bei Holzkirchen von der B 318 auf die B 13 nach Bad Tölz fahren. Dort auf die B 472 und nach der Isarbrücke in die Stadt einbiegen. An der Schützenstraße links nach Wackersberg. Mit der Bayerischen Regionalbahn, Linie RB56, München–Lenggries bis zum Bahnhof Bad Tölz. Von dort mit dem Bus, Linie 9564, nach Wackersberg, Haltestelle Altwirt.

Tourenbeschreibung

Hinter dem letzten Haus in der Dorfstraße von Wackersberg halten wir uns am Schild „Biburg" links kurz auf einen Fahrweg und dann über einen Wiesenpfad zu einer Bank am Rand des bewaldeten Isarhangs. Hier steht eine Info-Tafel zum „Geokulturlehrpfad".

Auf diesen steilen Weg wandern wir hinab zur Bibermühle in Biburg. Auf der viel befahrenen Straße wenden wir uns nach rechts und gehen neben ihr, bis links am Parkplatz der Weg zur Isar abzweigt. Hier treffen wir auf den Isarradweg, der an das Ufer der wilden Isar mit ihren Kiesbänken führt. An der Wegekreuzung weist ein kleines Schild nach „Klein Kairo", zu einer Kiesbank mit schönem Blick auf die grün-frische Isar, wo noch einige wenige Steinhaufen von ehemals zahlreichen Steinpyramiden erzählen können.

Wir halten uns links und folgen dem geschotterten Isarradweg die Isar abwärts, mal direkt am Ufer, mal etwas abseits davon über Wiesen und durch Wäldchen nach Bad Tölz.

Wir treffen dort auf die Arzbachstraße, gehen unter der Brücke durch, queren sofort die Straße und gehen erneut unter der Brücke durch zur Straße „Am Manfredhof". Sie führt uns nach rechts und dann im Bogen halb links in den Wald. Dort gibt es einen Nordic-Fitness-Park am Spielhahnjägerweg. Wir folgen ihm nach links und gelangen zur Abzweigung zum Spielhahnjäger, einem Denkmal mit bester Aussicht auf Bad Tölz.

Geradeaus wandern wir am Rande der Hochebene entlang zur Straße nach Burger. Auf dem Radweg nach links passieren wir den Bohmerhof und gehen auf Wackersberg zu. Die Dorfstraße führt uns an der Kirche St. Nikolaus vorbei zu unserem Ausgangspunkt zurück.

Autoren Tipp

Ein Aufstieg zum Kalvarienberg wird durch den weiten Blick ins Isartal und über die Stadt belohnt. Oben erwarten uns die barocke Kalvarienbergkirche und die Leonhardikapelle, die von Tölzer Zimmerleuten errichtet wurde. Sie ist Ziel der seit 1856 jährlich am 6. November stattfindenden Tölzer Leonhardifahrt. Die weithin sichtbare Kalvarienbergkirche wird dank ihrer beiden schlanken Türme „Krone von Tölz" genannt. Der Tölzer Salz- und Zollbeamte Friedrich Nockher ließ hier oben als erstes ein Kreuz aufstellen. Einige Jahre später wurde die Kirche errichtet.

Tegernsee
Gmund am Tegernsee
TEGERNSEE
Bad Wiessee
Rottach-Egern
Dürnbach
Louisenthal
Finsterwald
Ackerberg
Kaltenbrunn
Osterberg
Ostin
Holz
Reit
Abwinkl
Weißach
Oberhof
307
318
Rainmühle
Gasteig
Gmund Papier
Buchleiten
Neumühle
Schwärzenbach
Georgenried
Siedlung Steinbergstraße
Steinberg
Schneiderhäusl
Ribisch
Binder
Aumann
Buchberg
Baier
Gundisch
Frais
Dierl
Grundner
Amalienburg
Winner
Rohbogen
Golfclub Bad Wiessee
Ristorante La Vela
Badepark
Terrassenhof
FeWo Ignazhof
Au
Freihaus
Hotel Seegarten
Landhaus am Bergwald
Hotel zur Post
Hotel Moarhof
Alt-wiessee
Sonnenbichl
Prinzenruhe
Semmelberg
Auer Eck
Tennenmoos
Zwergelberg
Wachselmooseck
Söllbachklause
Kleinbuch
Buch
Ringsee
Fährhütt'n
Am Schuß
Holzstube
Ringspitz
Reibenhütte
Reibentennen
Kotlahnerkopf
Bauer in der Au
Scheibenaualm
Skihütte
Seeglas
Am See
Bayer. Oberlandbahn
Ober-
Unter-
Berg
buchberg
Sankt Quirin
Deutsche Alpenstr.
Seesauna Monte Mare
Gulbransson-Museum
Schloss Tegernsee
Aquadome
Museum Tegernseer Tal
Brauhaus Tegernsee
Strandbad Point
Restaurant Überfahrt
Schorn
St. Laurentius
Hotel Bachmair
Café Franzl
Staudach
Prinzenkapelle
Seeforum
Hofbauer
Hagrain
Bachmair Weissach
Naturdenkmal
Mus. im Gsotthaber Hof
Reitrain
Ringberg
Oberach
Naturkäserei Tegernseer Land
Leeberg
Leeberghof
Pfliegeleck
Pfliegelhof
Auerbauer
Gschwand
Lieberhof
Graben
Neureuth
Neureuth-Haus
Ostiner Berg
Gaßler Berg
Oeder Kogel
Berger-Alt
Oberbuchberghof (Hofladen)
Sternecker
Niemandsbichl
Oed
Oedbergalm
Ostiner Stuben
Hof Gasse
Elend
Marold
Seppenhof
Deutsche Alpenstraße
Antenloh
Hinter-
Bürstling
Schafstatt
Jäger auf der Ebene
Mayer in der
Grub
Schweinberg
Wackersberg
Eben
Reith
Wald
Mühlthal
Riedl
Mannhart
Brandhof
Oberlinden
Keilsried
Praßberg
Anger
Haslach
Festenbach
Holzeralm
Winneralm (verf.)
Futterstelle
Hütte
Breitenbach
0 500 m

Ufertour

30

Um den Tegernsee

Von Tegernsee über Rottach-Egern und Bad Wiessee nach Gmund

DAUER	4h 30min
LÄNGE	19,2 km
AUFSTIEG	100 hm
SCHWIERIGKEIT	MITTEL
MIT ÖFFIS ERREICHBAR	ja

Das erwartet dich ...

Wenn an Wochenenden die Sonne scheint und der Föhn die Bergketten bis auf Halbdistanz heranzaubert, dann zieht es die Münchner ans Wasser oder ins Gebirge. Gleich beides gibt's am Tegernsee: Badeplätze und Wanderziele. Wer weder das eine noch das andere aus den Augen verlieren will, nimmt am besten den Uferweg unter die Füße. Wir gehen von Tegernsee im Süden um den See herum bis nach Gmund. Rückfahrt zum Ausgangspunkt ist mit einem Schiff am schönsten, geht aber auch per Bahn.

Start & Ziel & Anreise

Bahnhof Tegernsee, Parkplatz am Bahnhofsplatz. Mit dem Auto auf der BAB A8 München–Salzburg bis zur Ausfahrt 97 Holzkirchen. Nach Holzkirchen abbiegen und auf der B318 nach Gmund am Tegernsee. Dort auf die B307 nach Tegernsee. Mit der Bahn, Linie RB57, von München zum Bahnhof Tegernsee.

Tourenbeschreibung

Vom Bahnhof Tegernsee durch die Bahnhofstraße und die Prinz-Karl-Allee hinunter zur Hauptstraße. Gleich gegenüber links beginnt der Seeufersteg und führt uns am Rathaus vorbei zum Schlossplatz. Hinterm Schlosspark erheben sich die Kirche St. Quirin, das Herzogliche Bayerische Brauhaus Tegernsee und das Schloss Tegernsee.

Das Kloster und heutige Schloss Tegernsee, war über ein Jahrtausend lang das Maß aller Dinge im Tegernseer Tal. Es entwickelte sich zu einem kulturellen und wissenschaftlichen Zentrum; seine Bibliothek hütete über 2.000 kostbare Handschriften. Nach der Aufhebung des Klosters ging vieles verloren. Schließlich erwarb König Max I. Joseph das Kloster und ließ es durch Leo von Klenze zum Schloss umbauen. Gleich neben der ehemaligen Klosterkirche kann man sich im Herzoglichen Bräustüberl zu einer Brotzeit niederlassen. Ausgeschenkt wird natürlich das süffige Tegernseer Bier.

Von der Schlosspromenade wechseln wir auf den Hoffischereiweg beim Bootsverleih. Hier geht es kurz auf die Seestraße und am Parkplatz rechts zum Strandbad Point, der Tegernseer Copacabana sowie zur Ruderfähre, den „Überführer" nach Egern. Von der „Halbinsel" Point steigt der Weg kurz an zur B 307. Nach etwa 700 Metern gehen wir rechts zur Courths-Mahler-Anlage und erneut rechts auf der Schwaighof-Anlage hinauf zur B 307 in Rottach.

Kurz nach rechts und gleich erneut rechts führt der Max-Josef-Weg an den Landesteg Strandbad. Am Café Franzl treffen wir auf die Seestraße, wenden uns nach rechts und kommen an den Hotels Bachmair am See und dem Restaurant Überfahrt vorbei. Gegenüber sehen wir die Halbinsel Point in Tegernsee. Jetzt gehen wir auf der Ganghoferstraße bis sie eine scharfe Linkskurve macht und wechseln auf den Uferweg. Er führt uns über die Brücke der Weißach und rechts herum zur B 318. Dieser gehen wir entlang bis zur Straße Am See.

Sie bringt uns nach Abwinkl zum Ringseeweg. Am Überfahrtweg wenden wir uns rechts zur Mündung des Söllbaches und gehen nach links zum Freibad Abwinkl und zum Parkplatz am Sonnenfeldweg. Wir biegen rechts auf ihn ein, erreichen die Sterneggerstraße und rechts das Hotel Moarhof in Bad Wiessee. Rechts wandern wir nun auf der Seepromenade zur Schiffsanlegestelle Ortsmitte Bad Wiessee.

Die Seepromenade bleibt uns treu bis zur Straße „Am Strandbad". Beim Ristorante La Vela wenden wir uns wieder zum Ufer und gehen durch die Grünanlage an die B 318. Gegenüber führt der Rohbognerweg hinauf zum Golfplatz. Links in der Wiese steht die kleine Quirinuskapelle. Eine Schrift an der Außenwand erinnert an die Entdeckung einer Ölquelle am Rohbognerhof. Aus dem erhofften Boom wurde nichts; dafür stieß man auf eine starke Jod-Schwefel-Quelle. So wurde aus Wiessee kein Mini-Dallas, sondern ein Kurort.

Ein wenig oberhalb der Kapelle biegt man spitzwinklig in den bequemen Höhenweg ein, der weitgehend flach am Filzgraben entlang zu den weit verstreuten Gehöften von Holz führt. Auf Asphalt geht's hinab zum Gut Kaltenbrunn: einkehren, anstoßen, Aussicht genießen!

Für unsere Rückfahrt gehen wir hinunter zum Strandbad, entlang der Mangfall zum Bahnhof Gmund, oder über die Mangfall zur ostseitigen Seepromenade zur Schiffsanlegestelle Seeglas. Von beiden Stationen kommen wir zu unserem Ausgangspunkt zurück.

Stadlbergalm 921
Gunetsrain 924
Grimm 841 · Baderer Eben
Linen Schrodeck Halzer Lettén
Leiten b e r g Hof Hälmer Bemberg Stadl Leithen
Tiefenbach Freigut Bracher Grandau
Lantenhammer Holz Sonnenstatt 900 Bemberg
Erlebnisdestillerie Ferlendorf Tiefenbach Loidlsee 908
Bergbaumuseum Holz Diensthütte
Tratberg Laim 906 Buchbühl
Hausham 766 Motocross 879
Kasten 921 Diensthütte Rackensee
Rain Brentenspitz Kaltenbrunnen
Thal Brenten Altenberg Rohnberg 1265
Pürstling Grünboden Schweinthal Zielmoos
Abwinkl Kalkgraben Urtl-bach Unterrißhof Hotel Schliersbergalm
Huaboim Westenhofen Schliersberg-Alm 1055
Almbad Karma Bavaria Riß Freizeitpark m. 1082
Huberspitz Mühle 31 Sommerrodelbahn Taferlmoos
Huberspitz 1052 Schwaig Schliersee 1203
Rainer Berg 1169 Milchhäusl 784 Stögeralm Breitenberg
Jhtt. 840 Seehotel 896 Markt 1210
Breitenbach Freudenberg Oberleiten Sperbergraben
Krainsberg Schliersee Winterstube
Krainsbergkogel (777) Deutsche Alpenstraße
Au Wörth 307 Leitner Nasen
952 Wirtshaus im See 1258 Hirschgeröhrkopf
1042 Ruine 1272 Auracher Köpfl 1231
Brunstkogel Rixneralm Hohenwaldeck (Kegelspitz)
1255 Seegarten (gesperrt) Kellerberg
Schnapperwirt
Ober- Fischhausen
Krainsberger Alm 801
nsberghütte Unter- 799 St. Leonhard
Lahnenkopf Freilichtmuseum Probstalm
1415 Westerberg Fischhausen Markus Wasmeier
1333 Neuhaus Slyrs Destillerie
Neuhaus 816
1219 Nagelspitz
Künzaglalm Dürnbach 1560 1554
Brunnerstein D ü r n b a c h w a l d Josefsthal
Rainerkopf Talwa
1465
Raineralm 1524 0 500m
Wasserspitz Ankelaim
1552 Eckspitz Obere- Stockeralm Benzing
1296 Freudenreich- Alpengarten
kapelle

Ufertour

31

Schlierseerundwanderung
Entspannen am idyllischen Schliersee

DAUER	3h
LÄNGE	9,2 km
AUFSTIEG	270 hm
SCHWIERIGKEIT	LEICHT
MIT ÖFFIS ERREICHBAR	ja

Das erwartet dich ...

Eine Rundwanderung durch herrliche naturbelassene Uferbereiche. Einen besonders schönen Blick auf den See mit seinem Inselchen Wörth genießen wir von der Burgruine Hohenwaldeck. Ein paar Mauerreste gibt es noch. Etwas steil geht es schon zu ihr hinauf. Sonst sind die Wege aber fast eben. Von der Vitalwelt am Kurpark in Schliersee lädt das Motorschiff zu einer idyllischen Rundfahrt über den See ein. Wenn das Gasthaus auf der Insel Wörth geöffnet hat, wird auch die Insel angefahren.

Start & Ziel & Anreise

Schliersee, Parkplatz beim Bahnhof Schliersee. Mit dem Auto auf der BAB A 8 München–Salzburg bis zur Ausfahrt 98 Weyarn. Nach Weyarn abbiegen und auf der St 2073 nach Miesbach zur B 472. Von ihr auf der B 307 nach Schliersee fahren. Mit der Bayerischen Regionalbahn, der Oberlandbahn, Linie RB 55, München–Bayrischzell bis Schliersee fahren.

Tourenbeschreibung

Vom Bahnhof Schliersee, Ausgang zur Bahnhofstraße, kreuzen wir die Werner-Bachmann-Straße und gehen zur Lautererstraße. Wir wenden uns nach rechts und gelangen zur Kirche St. Sixtus an der Seestraße. Ein Stück müssen wir nun entlang der B 307 nach rechts gehen bis zum Seehotel. Dort queren wir die Straße und nehmen den Weg beim Minigolfplatz über die Wiese.

Wir gehen die Ortsstraße bergauf, am Abzweig rechts über den Bach und ein kurzes Stück auf einem Pfad zur Straße nach Oberleiten. Vor dem schön gelegenen Gehöft wenden wir uns nach rechts und wandern über herrliche Wiesen am Hang entlang. Hinter einem Steg beginnt der „Aufstieg" zur Leitner Nasen. Am Querweg biegen wir rechts ein und laufen fast eben Richtung Ruine Hohenwaldeck. Zwischendurch kommen wir an einem Aussichtpunkt mit einem Wegekreuz vorbei.

Zur Burgruine müssen wir vom Weg rechts abbiegen. An den Mauerresten führt der Weg weiter zum exponierten Aussichtspunkt mit fantastischem Blick auf den Schliersee mit der Insel Wörth.

Zurück am Weg gehen wir nach rechts unterhalb der Ruine im Zickzack hinunter nach Fischhausen. Der Maxlrainerweg führt uns dort an die B 307. Hier gehen wir nach rechts bis zum Schnapperwirt, queren dort die B 307 und folgen der ihr Richtung See.

Am Parkplatz beim Bootsverleih führt nun ein schöner Uferweg links am Schliersee entlang. Bald erreichen wir die Rixneralm am See. Hier kann man gemütlich draußen sitzen und den See genießen. An der folgenden Wegkurve zweigt rechts der Erlebnispfad Freibad Schliersee ab. Er führt direkt am Ufer entlang zum Freibad und stößt wieder auf unseren Weg. Unser Weg quert aber die Bahngleise und folgt ihnen bis zum Campingplatz in Breitenbach.

Auch hier gehen wir über die Bahngleise und auf den Weg, der sofort links abzweigt. Nach wenigen Metern gehen wir rechts am Vereinsheim vorbei zur Brücke an der Mündung der Schlierach in den See. Auf der anderen Seite kommen wir zum Kurpark und zur Vitalwelt in Schliersee. An der Tennisanlage biegen wir noch einmal links ein auf den Weg zum Bahnhof Schliersee, wo wir wieder unseren Ausgangspunkt erreichen.

Der Blick über den Schliersee zur Brecherspitz

Aurach 775

Neuhaus

1219 Dürnbach

Daxstein

Talwand 1230

D Ü R N B A C H W A L D

816

Josefsthal

Spitzingstraße

Hagenberg

Blechgraben

Nagelspitz 1560 1554
1590

Benzingberghütte

1524

Ankelalm

Stockeralm

Alpengarten

Jägerbauernalm

Benzingalm

Eckspitz 1386
Bodenschneidhaus 1356
Unterkunftshaus

Obere-Freudenreichalm
Freudenreich-kapelle

1683 Brecherspitz

Jägerkamp 1746

Benzingspitz 1735

Aiplspitz 1759

Kleinmie

Heißenp

denschneid 9

Krettenburg

Untere First-Alm 1320

1494

Freudenreichsattel 1377

Spitzingsattel 1127
Spitzingalm
Imbissstube
Lochgrabenschneid

Wilde Fräulein

Schönfeldhütte 1410

Obere-Schönfeldalm

Schnittlauchmoosalm

1450

Tanzeck 1703

Krottenthal Bayerld Hütte

Obere First-Alm 1370

Firstgraben

DAV Haus Spitzingsee

1689

Rauhkopf

Taubenstein

Suttenstein

Drei Tannen

1506

BLSV-Haus

Spitzingsee

Taubensteinbahn (kein Skibetrieb)

Schwarzenkopfhütte

1190
Jubiläumshütte
Gipfelstüberl

Taubenstein 1567

1398

Stümpfling 1484

Osthang Alm

Stümpflingbahn

Lyra Alm

Alte Wurzhütte

Spitzingsee 1090

Schwarzenkopf 1464

Untere Maxl-rainer Alm

Taubenstein 1692

Ober-ttenalm

Suttenbahn

Jagahütt'n

Donnerlöcher

Grünseealm

E-Werk 1

Diensthütte

Obere Maxlrainer Alm

Lempersberg 1817

Unter-Lukas-Alm 1190

Stümpfling-alm

Roßkopf 1580

Albert-Link-Hütte 1053

Valeppalm

Bergwachthütte

Untere

Rotwan

Wechselalm

Rotkopf 1602

Untere Häushameralm

Wildfütterung
Bleckstein-Winterstube

Wallenburgalm
Obere

Klammstein

17

Stümpflinggraben

Blecksteinhaus 1060

E-Werk 2

Gleiselstein

Wildfeldalm

Rotwand 1842

Dienesthütte
Ankerstube

olzigmoosberg

Stolzenberg 1609

Hoferhöll

Oberhoferalm

Höllgraben

Waitzingeralm
Winterstube

Petzingalm

Stolzenalm

Pfanngraben

Winterstube

1200

979

Weiße Valeppalm

Lämmeralpeneck

Lämmeralm 1224

Zwieselstube

Pfannkopf 1227

Pfannkobel

Pfannberg 1267

1330

Öderberg 1267

Kogeltalalm

Schlagkopf 1224

Blauwandhütte

Schlagalm

Elend-Winterstube (verf.)

Todtengraben

Elendsat 1143

1185

Holzerstube

Schalmeiereck

Brenner-klamm

Für Autos u. Motorräder gesperrt

Tuschberg 1320

Kreuzbergs

Pfaffenkopf 1620

Valepp

Forsthaus Valepp (dzt. geschlossen!) 890

1016

Hudlergrund

Brennereck

Ochsenalm

Winterstube

0   500m

32

Genusstour 32

Spitzingsee & Rote Valepp

Im Spitzingsee spiegelt sich der Brecherspitz

DAUER	2h 45min
LÄNGE	10 km
AUFSTIEG	150 hm
SCHWIERIGKEIT	LEICHT
MIT ÖFFIS ERREICHBAR	ja

Das erwartet dich ...

Eine Wanderung, die am Ufer des Spitzingsees fast eben verläuft und am Fuße des Roßkopfs und des Stolzenbergs entlang hinab in das enge Tal der Roten Valepp führt. Auf der anderen Talseite, von der Waitzingeralm aus, geht es wieder bergauf zum Spitzingsee. An der Klausenhütte oben am See können wir zum Kapitän in den Bergen werden. Dort gibt es Ruder-, Tret- und Elektroboote zu leihen. Insgesamt ein eindrucksvoller Spaziergang für kurze Tage, mit zahlreichen Einkehrmöglichkeiten.

Start & Ziel & Anreise

Spitzingsee, Parkplatz bei der Kirche und Bushaltestelle. Mit dem Auto auf der BAB A8 München–Salzburg bis zur Ausfahrt 98 Weyarn und dann Richtung Miesbach fahren. Dort auf die B472 und weiter auf der B307 über Schliersee nach Neuhaus. Am Ortsende rechts nach Spitzingsee hinauf. Mit der Bayerischen Oberlandbahn, Linie RB55, von München über Schliersee nach Fischhausen-Neuhaus. Dort umsteigen in den Bus, Linie 9562, nach Spitzingsee, Haltestelle Kirche.

Tourenbeschreibung

Die Runde beginnt bei der Kirche in Spitzingsee und führt erst an den See zum Seeweg. Wir gehen nach rechts unterhalb der Hotels am Ufer entlang zum Denkmal an der Landnase. Dahinter rückt schon die Talstation der Taubensteinbahn ins Blickfeld. Links oben über dem See sehen wir den 1683 Meter hohen Brecherspitz. Der Seeweg erreicht nun das Nordufer. Wir halten uns links und lassen das DAV-Haus rechts liegen. Am Abzweig wenden wir uns nach links und wandern am Feuchtgebiet entlang zur Miesbacher Hütte. Dort gehen wir direkt ans Ufer und folgen dem Weg nach Spitzingsee zurück. Der Seeweg endet an der Klausenhütte und mündet in den Lyraweg.

Hier können wir uns ein Boot ausleihen und zum Kapitän am Spitzing werden. Schräg nach rechts beginnt der Roßkopfweg und führt im Rechtsbogen um den Hügel herum. Am Abzweig zu einem Hof gehen wir links auf den schmalen Weg über das weitläufige Gelände zur Valeppalm. Wir lassen die Alm aber links liegen und machen uns auf den Weg zum bewirtschafteten Blecksteinhaus. Im Wald erreichen wir einen Abzweig, wo wir nach links dem Weg abwärts folgen. Vor der Roten Valepp nun noch rechts zum Blecksteinhaus; Zeit für eine zünftige Brotzeit.

Unterhalb des Hauses liegt das Wasserkraftwerk „Blecksteinstufe". Mit dem Werk „Spitzingsee", etwa einen Kilometer oberhalb an der Roten Valepp, wird Grüner Strom erzeugt. Dahinter fällt der Weg ins Tal der Roten Valepp ab und bringt uns an eine Brücke. Wir gehen hinüber und links zur Waitzingeralm Winterstube. Hier ist praktisch der Wendepunkt der Wanderung.

Jetzt geht es auf dem Asphaltsträßchen aufwärts zum Spitzingsee. Linker Hand am Ufer gegenüber liegt die bewirtschaftete Albert-Link-Hütte. Hier gibt es sagenhaften Kaiserschmarrn und ist einen Abstecher wert. Wer Appetit hat biegt links ab über die Rote Valepp.

Unter uns erscheint das Spitzingsee-Kraftwerk, am Fuße des tiefen steilen Einschnittes, den wir jetzt am Schluss der Wanderung noch hinaufgehen müssen. Am Seeufer nochmals rechts und wir sind wieder am Ausgangspunkt angelangt.

Autoren Tipp

Bevor die Spitzingstraße erbaut wurde, bestand zwischen Neuhaus und der Waitzingeralm unterhalb des Spitzingsees eine Bahnlinie der besonderen Art. Sie diente allerdings nicht dem Tourismus, sondern zum Abtransport des Holzes. Zwölf Kilometer lang war die Strecke, Aufzüge und sogenannte Bremsberge halfen, die beträchtlichen Höhenunterschiede zu überwinden, zahlreiche Brücken und mehrere Verladestellen wurden errichtet. Heute erinnert noch der Bockerlbahnweg, ein Wanderweg von der Spitzingseestraße links abwärts nach Neuhaus, an die Bahn.

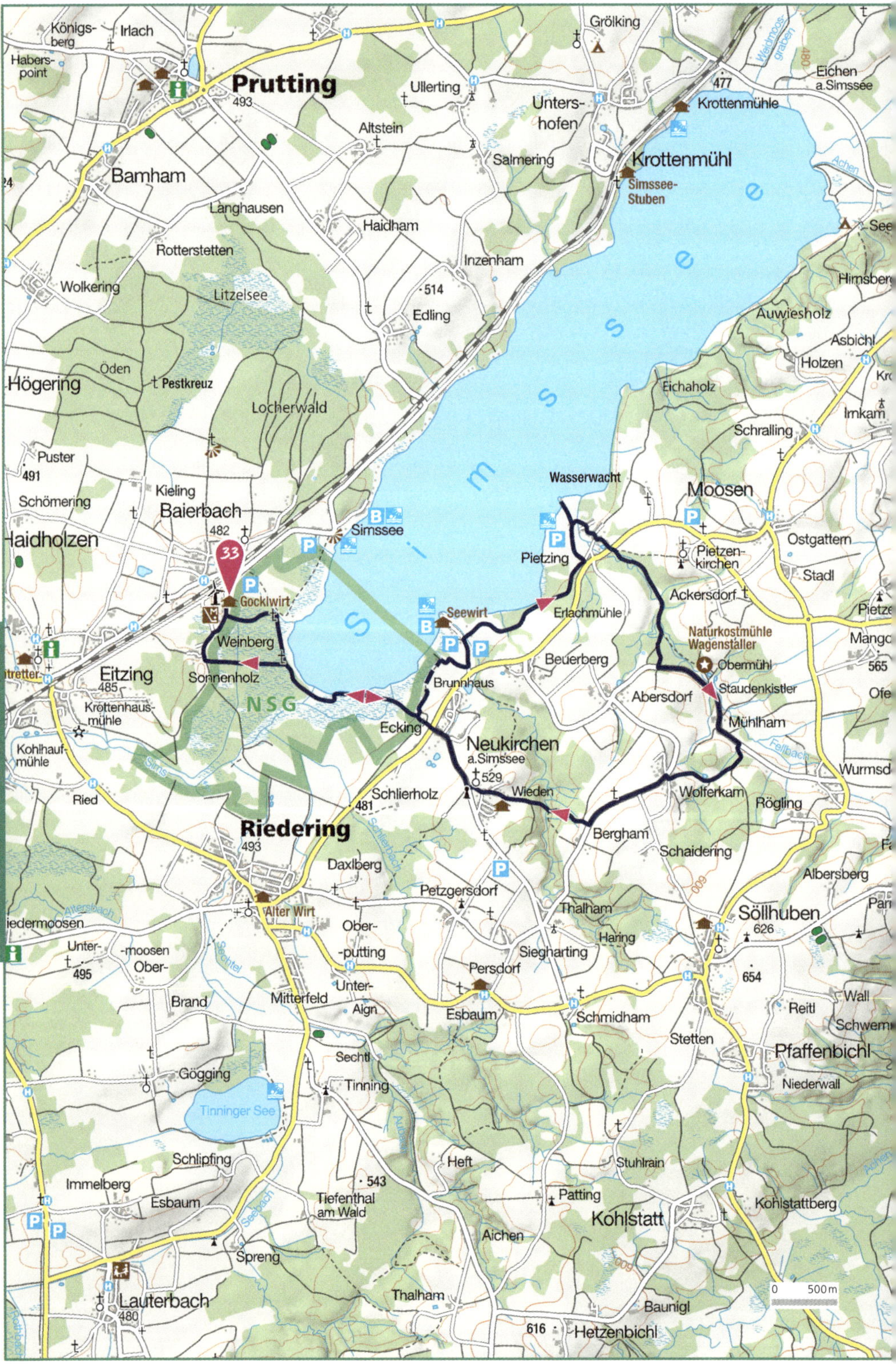
Königs-berg
Irlach
Habers-point
Prutting
493
Ullerting
Grölking
Unters-hofen
477
Krottenmühle
Eichen a.Simssee
Altstein
Salmering
Krottenmühl
Simssee-Stuben
Bamham
Langhausen
Haidham
Rotterstetten
Inzenham
Wolkering
Litzelsee
514
Edling
Auwiesholz
Himsberg
Asbichl
Holzen
Öden
Högering
Pestkreuz
Locherwald
Eichaholz
Schralling
Irnkam
Puster
491
Kieling
Wasserwacht
Moosen
Schömering
Baierbach
482
Simssee
Haidholzen
Pietzing
Pietzen-kirchen
Ostgattern
Stadl
33
Gocklwirt
Seewirt
Erlachmühle
Ackersdorf
Weinberg
Naturkostmühle Wagenstaller
Obermühl
Beuerberg
565
Eitzing
485
Sonnenholz
Brunnhaus
Abersdorf
Staudenkistler
Krottenhaus-mühle
NSG
Ecking
Mühlham
Kohlhauf-mühle
Neukirchen a.Simssee
529
Wurmsd
Sims
Ried
Schlierholz
Wieden
Wolferkam
Rögling
481
Riedering
493
Bergham
Schaidering
Daxlberg
Petzgersdorf
Albersberg
Thalham
Söllhuben
626
Alter Wirt
Ober-putting
Haring
Siegharting
654
iedermoosen
Unter-
-moosen
Ober-
495
Unter-Aign
Persdorf
Wall
Reitl
Brand
Mitterfeld
Esbaum
Schmidham
Stetten
Pfaffenbichl
Sechtl
Niederwall
Gögging
Tinning
Tinninger See
Schlipfing
Heft
Stuhlrain
Immelberg
543
Esbaum
Tiefenthal am Wald
Patting
Kohlstatt
Kohlstattberg
Aichen
Spreng
Lauterbach
480
Thalham
Baunigl
616
Hetzenbichl
0
500m

33

Panoramatour 33

Nostalgie am Simssee

Spezialitäten beim Gocklwirt und exklusives Brotbacken in der Wagenstaller Mühle

DAUER	4h
LÄNGE	13,5 km
AUFSTIEG	189 hm
SCHWIERIGKEIT	LEICHT
MIT ÖFFIS ERREICHBAR	ja

Das erwartet dich ...

Eine Rundwanderung am Südufer des Simssees durch das Naturschutzgebiet mit Auwäldern, Wiesen und Mooren entlang eines schönen Vogellehrpfades. Im Tal des Fellbaches gelangen wir zur Naturkostmühle Wagenstaller Mühle. Hier gibt es exklusive Brotbackkurse, während sich am Bach das Mühlrad dreht. Das Herzstück der Mühle aber ist der Mühlenladen. Und dann gibt es noch den Gocklwirt, dem Spezialitätenrestaurant mit einer Kuriositätensammlung und der weltgrößten Kunstuhr, 5 Meter breit und 3 Meter hoch.

Start & Ziel & Anreise

Parkplatz beim Gocklwirt in Baierbach, Weinbergstraße. Mit dem Auto auf der BAB A8 München–Salzburg bis zur Ausfahrt 102 Rosenheim. Nach Rosenheim abbiegen und auf der südlichen Umgehungsstraße bis Haidholzen. Rechts nach Stephanskirchen fahren und dann links nach Baierbach. Der Bahnhof Rosenheim hat zahlreiche Zugverbindungen von München und aus Österreich. Vom Bahnhof verkehrt die Buslinie 9498 nach Baierbach; jedoch nicht an Sonntagen und Feiertagen.

Tourenbeschreibung

Wir durchqueren beim Gocklwirt den Biergarten, bewundern die überall gelagerten Ausstellungsstücke und gehen durch ein Holztor auf dem Moorweg zum Ufer des Simssees. Davor zweigt der Toni-Rietz-Weg rechts ab und führt uns nach Ecking. Auf dem Weg dorthin begleitet uns ein interessanter Vogellehrpfad. Vor dem Gehöft wenden wir uns auf den Weg nach links und später dem Fahrweg nach rechts in die Straße „Am See". Links geht es nun Richtung Seewirt beim Strandbad Ecking.

Hinterm Parkplatz wenden wir uns nach rechts und wandern nach Pietzing. An der Kreisstraße biegen wir auf die Zufahrt zum Badeplatz Pietzing ein, wenden uns aber vor dem Eingang nach rechts zur Ortschaft Pietzing. Gerade durch den Ort gelangen wir an die Kreisstraße. Gegenüber folgen wir dem Sträßchen im schattigen Wald zur Erlachmühle. Hier wechseln wir die Bachseite und gehen noch immer im Wald hinauf zur Straße nach Mühlham. Hier biegen wir links ein und unten am Fellbach sehen wir schon die Wagenstaller Mühle.

Ein wunderschönes Haus, in dem es „Tausend und eine Mehlsorte" gibt; gleich ausprobieren im Brot-Backkurs.

Wir gehen durch den Weiler Mühlham und am Abzweig rechts um den Hügel herum nach Wolferkam. Ziemlich geradeaus geht es durch den Ort und über eine freie Wiese auf Bergham zu. Vor dem Weiler biegen wir scharf rechts ab, verlassen in einer Rechtskurve das Sträßchen und gehen auf einem schmalen Weg geradeaus durch den Wald hinunter und hinter dem Bach wieder hinauf nach Neukirchen.

Auf dem Berghamer Weg schlendern wir zur Wallfahrtskirche Maria Stern an der Straße nach Ecking. Hier nun rechts einbiegen bis an die Kreisstraße in Ecking. Gegenüber wandern wir geradeaus an das Südufer des Simssees auf dem bekannten Toni-Rietz-Weg und Vogellehrpfad.

Am Wegedreieck mit dem Bildstock gehen wir hinauf nach Sonnenholz und von dort rechts zurück zum Gocklwirt in Baierbach zu unserem Ausgangspunkt. Hier gibt es raffinierte bayerische Gerichte im verwinkelten, mit Antiquitäten und 800 Kaffeekannen dekorierten Restaurant.

Der Simssee im Herbst

Ober-
Kronberg
Reiterhof-
Gut Kronberg
Fremdling
Nieder-
bru
Wimm
Niederham
Taxenberg
Rachertsfelden
Eschenau
Schleinmoo
Höslwang
564
Dobl
Staudach
Buch
Lehrstation
Bienen
Unterhöslwang
Zur Schönen Aussicht
Aufham
Laubensee
Eschenauer
See
Weitm
570
Pickenbach
Ober-
-ulsham
Bachham
Weissbräu
Weitmo
Gachen-
solden
Sägwirt
Sägwirt
Meisham
Reischelholz
Zunham
551
Unter-
Egelsee
530
Wimpersing
Wöhr
Liensee
Almertsham
merhof
Bogenschieß-
parcours
554
Hochseilgarten
Pelham
Aktiv- u. Wellness-
hotel Seeblick
Pelham
Achenberg
34
B
Hartsee-
Stüberl
Eggstätt
539
xtham
Pelhamer
See
Achen
Hartsee
Unterwirt
Hofsee
Gaben
Jakobscafé
Aich
Rankham
N S G
Blausee
537
Schönberg
Stephanskirchen
Kautsee
Einbess
Straß
Römerstraße
Eggstätt-
Hemhofer-
Weisham
597
Kesselsee
Schloss-
see
Lemberg
Weisham
Preinersdo
Hemhof
Stetten
Schloss
Hartmannsberg
P
Schlicht
Natzing
540
Batterberg
Kramerwirt
Bach
Gasthaus
Brandl
Zickenburg
Daumberg
Kieswerk
Oberndorf
Mooshappe
Thal
Seenplatte
Westerhausen
ofham
586
Zinnenburg
Stock
Zell
Theler
See
Wasserwacht
Wurzbichel
552
Langbürgner See
Gattem
Kämpfenthal
Unter-
Langbürgen
Ober-
-kitzing
Frieberting
Breitbrun
am Chiemsee
536
Stetten
Stettner See
550
Breitenloh
Wolfs-
berg
Café
Mühln
Plötz
Kalkgrub
Grub
Afterbach
Kailbach
Post
Sieglweiher
Hochstätt
Café Toni
B
Kailbacher
Winkel
Café
Stadl
Rimsting
564
Guggenbichl
Zur
Sonne
Seehof
Eßbaum
Schafwaschener
Pavillon
Café
Weingarten
Finsterleiten
606
Buchberg
Schafwaschen
Winkel
Sassau
Urfahm
Mühlner
Winkel
-hamberg
Belm Has'n
Huben

0   500m

34

Ufertour

Auf der Seenplatte

Wandern durch die Eggstätter Seen vom Hartsee zum Schlosssee

DAUER	3h
LÄNGE	9,5 km
AUFSTIEG	22 hm
SCHWIERIGKEIT	LEICHT
MIT ÖFFIS ERREICHBAR	nein

Das erwartet dich ...

Eine Rundwanderung durch eine von Seen geprägte ursprüngliche Landschaft. Der Hartsee ist einer von 17 Einzelseen im Naturschutzgebiet Eggstätt-Hemhofer Seenplatte. Bis heute sehen wir die Überbleibsel der Eiszeit in Form von Seen, Sümpfen, Toteislöchern, lichten Bruch- und Auwäldern, Nieder- und Hochmooren, Bächen und Tümpeln. Einkehren können wir in Eggstätt im Hartsee-Stüberl oder in Hemhof beim Kramerwirt an der Straße „Ledererberg", er ist eine echte Institution in der Kleinkunstszene.

Start & Ziel & Anreise

Eggstätt, Parken beim Hartseebad. Mit dem Auto auf der BAB A 8 München–Salzburg bis zur Ausfahrt 106 Bernau am Chiemsee. Nach Prien abbiegen und über Rimsting-Bahnhof nach Eggstätt.

Tourenbeschreibung

Ausgangspunkt für diese Wanderung ist der gebührenpflichtige Parkplatz am Hartseebad von Eggstätt. Wir gehen am Hartsee-Stüberl vorbei rechts durch das Wäldchen hinunter an das Ufer des Hartsees. Am Fuße des Schönbergs wandern wir nun auf dem Hartsee-Rundweg bis an die Römerstraße. Wir folgen ihr kurz rechts und gleich danach an der beschilderten Abzweigung links nach Hartmannsberg. An der nächsten Verzweigung halten wir uns dann halb links und erreichen den Kesselsee. Dort gibt es einen schönen Rastplatz mit Bänken.

Unterhalb der Hangkante führt der Wanderweg nach Hartmannsberg. An der Staatsstraße und Wanderparkplatz wenden wir uns nach rechts zum Schloss Hartmannsberg. Es liegt sehr romantisch zwischen dem Schlosssee und dem Langbürgner See, in einem wunderschönen Park, leider aber nicht öffentlich.

In der Kurve nehmen wir die Straße nach Hemhof hinauf und biegen aber gleich nach rechts auf das Sträßchen ein. An der Wegekreuzung nehmen wir den rechten Weg und wandern an Stephanskirchen vorbei Richtung Wald. Am Wegekreuz vor dem Wald blicken wir noch einmal zurück und haben eine schöne Aussicht auf das Schloss und die Seenplatte.

Im Wald stoßen wir auf einen Querweg, folgen ihm rechts und umrunden das Nordufer des Schlosssees. Ein kleiner Steg führt uns über einen Bach, der den Schlosssee und den Kautsee verbindet. Bald gelangen wir an eine Wegekreuzung. Der linke Weg führt uns erst oberhalb des Einbessees entlang, dann hinunter an das Ufer des Hartsees.

Dort wenden wir uns nach links, jetzt wieder auf dem Hartsee-Rundweg, gehen über eine Brücke und zum Höhenberg hinauf. Vom Linksbogen führt nach rechts ein schmaler Weg hinunter an die Brücke über die Schönachen und dann durch die bewaldeten Hügel des Achenbergs.

An der Wegekreuzung halten wir uns halb links und kommen kurz vor dem Waldrand an eine Wegeverzweigung der wir rechts zum Hartsee und zur Straße folgen. Kurz geht es an der Straße rechts entlang. Am einmündenden Weg gehen wir rechts unter schattigen Bäumen zurück zum Freibad in Eggstätt und unserem Ausgangspunkt.

Blick auf den kleinen Kesselsee

Einbessee
Straß
Römerstraße
Schloss-see
Kesselsee
Hemhofer-
Seenplatte
Schloss Hartmannsberg
Lemberg
Hartmannsberg
Schlicht
Natzing
Weisham
Daumberg
Zickenburg
Kieswerk
540
Oberndorf
Zinnenburg
Stock
Westerhausen
Wasserwacht
Zell
Langbürgner See
Gattern
Kämpfenthal
Unter-
Langbürgen
552
Ober-
-kitzing
Frieberting
Stetten
Breitenloh
Stettner See
550
Grub
Afterbach
Hochstätt
Café Toni
Wolfs-
berg
Café
Kailbach
Kailbacher Winkel
Seehof
Guggenbichl
Eßbaum
Schafwaschen
Schafwaschener
Winkel
Sassau
520
Pavillon Café
Urfahrn
Stadl
Café
Mühln
Post
Breitbrunn
am Chiemsee
536
Lienzinger
Moos
Lienzing
Preinersdorf
Mooshappen
543
Ed
Mitterndorf
Aiglsbuch
Aiglsbuch
551
Scha
Loiberting
35
Gstadt
am Chiemse
538
Plötzing
Aisching
Weingarten
Mühlner Winkel
Fraueninsel
Frauenchiemsee
Vogel- und Natur-Beobachtungsplattform "Ganszipfel"
Benediktinerinnenkloster Abtei Frauenwörth
Krautinsel
Hütte an der Prienmündung
Kiosk
Holzen
Westernach
Fischhütte Reiter
520
Fischlokal Winklfischer
Osternach
Freizeit- und Erlebnisbad PRIENAVERA
Kreuzkapelle
Schlosshotel
Augustiner-Chorherrenstift
Gde. Chiemsee
Herren-
insel
Stock
Neues Schloss Herrenchiemsee
König Ludwig II. Museum
Schlosscafé
Heimatmuseum
Kletterwald
Prien
am Chiemsee
532
Herrnberg
571
Badeplatz "Schraml"
Yachthotel Chiemsee
519
"Pauls Ruh"
Ernsdorf
542
Harras
Harrasser
Moos
Panorama Camping Harras
Zum Fischer am See
Urschalling
Eggerndorf
Kumpfmühle
Schöllkopf
Raststätte Chiemsee
Irschener Winkel
Lang
Trattmoos
Mailing
Chiemsee-Infocenter
Holzner
Chiemseepark Felden
Neumühle
0
500 m

Genusstour 35

Alpenpanorama
Von Gstadt nach Prien am Chiemsee

DAUER	4h 45min
LÄNGE	15,5 km
AUFSTIEG	31 hm
SCHWIERIGKEIT	LEICHT
MIT ÖFFIS ERREICHBAR	ja

Das erwartet dich ...

Eine super Wanderung auf dem Chiemsee-Uferweg von Gstadt nach Prien mit Blick zur Fraueninsel und Kloster Frauenwörth, zur Herreninsel mit dem Neuen Schloss von König Ludwig II., die kleine Krautinsel dazwischen, vor dem fantastischen Panorama der Chiemgauer Alpen. Wir verbinden die Wanderung mit einer Fahrt vom Hafen zum Bahnhof Prien mit der historischen Dampfstraßenbahn und einem Besuch der Fraueninsel mit dem historischen Raddampfer „Ludwig Fessler".

Start & Ziel & Anreise

Gstadt am Chiemsee, Parkplätze am Seeplatz. Mit dem Auto auf der BAB A8 München–Salzburg bis zur Ausfahrt 106 Bernau am Chiemsee. Nach Prien am Chiemsee abbiegen und über Rimsting nach Gstadt am Ciemsee. Mit der Bayerischen Regionalbahn, Linie RE5, München–Salzburg bis zum Bahnhof Prien am Chiemsee. Umsteigen in den Bus, Linie 9586, Chiemsee Ringlinie, von Prien nach Gstadt.

Tourenbeschreibung

Wir beginnen unsere Tour am Seeplatz in Gstadt, bei der Anlegestelle der Schiffe zur Fraueninsel. Mit Blick zum Chiemsee wenden wir uns nach rechts und wandern auf dem Chiemsee-Uferweg zum Beobachtungsturm Ganszipfel.

Hier eröffnet sich der schönste Ausblick auf die Frauen-, Kraut- und Herreninsel und die Bergketten im Hintergrund. Der Chiemsee-Uferweg ist unser ständiger Begleiter nach Prien am Chiemsee. Mühln heißt der kleine Ort mit den zahllosen Bootsliegeplätzen, den wir Richtung der Halbinsel Urfahrn passieren. Am Urfahrner Spitz setzte einst König Ludwig II. zur Herreninsel über.

Wir umrunden die Halbinsel zum Kailbacher Winkl, so heißt hier die Bucht, und erreichen das Strandbad Breitbrunn. Hier gibt es einen Kiosk mit Erfrischungen. Über Kailbach gelangen wir an das Sträßchen zur Halbinsel Sassau. Wir gehen ein Stück

164

nach links bis zum Wanderparkplatz und dann weiter auf dem Chiemsee-Uferweg nach Aiterbach. An der Straße wenden wir uns nach links und gleich erneut links über Guggenbichl nach Schafwaschen. Hinter dem Wanderparkplatz führt uns der Weg durch das Gelände des Segelvereins auf einen schnurgeraden Schotterweg. Hinter dem kleinen Wäldchen biegt der Uferweg links ab direkt an das Ufer zum Strandbad Rimsting. Links der Weg vor der Brücke führt hinaus auf die Landzunge und zur Aussichtsplattform.

Wir gehen jetzt über die Brücke der Prienmündung und folgen dem Weg über die sumpfige Wiese zum Ortsrand von Osternach. Dort führt der Weg links an den Chiemsee. An der Fischhütte Reiter macht der Weg eine Kurve zum Winklfischer hin, wo es Steckerlfisch gibt. Auf den letzten Metern kommen wir noch am Erlebnisbad PRIENAVERA vorbei. Das Denkmal von König Ludwig II. krönt die Chiemseepromenade rechts am See. Noch einmal rechts abbiegen und wir sind am Hafen Prien-Stock. Hier fährt die historische Chiemsee-Dampf-Straßenbahn 1,8 Kilometer zum Bahnhof Prien.

Für den Rückweg nach Gstadt nehmen wir am besten den historischen Raddampfer „Ludwig Fessler" und machen einen Zwischenstopp auf der Fraueninsel. Sie ist eine kleine Insel mit großer Klosteranlage, urwüchsig, verwinkelt, mit duftendem Blumen- und Kräutergarten und dem 1.200 Jahre alten Kloster Frauenwörth. Zahlreiche Gasthäuser und Cafés laden zu einer Stärkung ein und die Fischer von der Insel bieten frisch geräucherte Chiemsee-Renken.

Die Fraueninsel im Chiemsee

Waldhaiming
Lindach
591
Gauir
535
Aich
548
Sonnau
Stöttwies
Herzog
im Feld
Bernhaiming
Künering
Deisensee
Frecher
Forst
Hundsöd
Unter-
-hilge
Schalkham
Großornach
547
Scharten
Zieglstadl
Viehhausen
Ol
Wo
Pfaffing
562
Kleinornach
584
Oberleiten
Stumpfering
532
Rupertso

Obing
562
Obinger See
Jepolding
Hochbruck
Hausen
304
Rabenden
Entfelden
Forst
Oberwirt
Autschachen
Neustadl
545
Kothöd
531
Dorf
Groß-
-bergham
Klein-
Voglöd
G
Lo
571
Griessee
583
Landertsham
Engering
Esterer
Loch
Griessee
Schachen
Aign
Bürghub
NSG
Brunnen-
see
566
Eglhart
Brandhu
Schmidberg
Thalham
Waltenberg-
stüberl
3ℓ
Guggen-
bichl
Neubichl
Weinberg
Neuwirt
Apperting
Kloster Seeon
Seeleitensee
Bräuhausen
Klostersee
Alter Wirt
Steinrab
NSG
Jägersee
Esterpoint
Seeon-
Windschnur
604
NSG
Straß
Bäderpoint
Point
Niederbrunn
Ober-
Hammerschmiede
527
NSG
Grünweg
549
Leiten
Bauschberg
529
Ischl
Keltenschanze
545
Roitham
Maisham
533
Pavolding
Seilerberg
Heimhilgen
Pullach
520
Eschenau
Karlswerk
Käs
Schleinmoos
Lehrstation
Bienen
Mooswirt
533
545
531
Eschenauer
See
Weitmoos
Grafenanger
Dorf
0   500 m
Kelten-
gehöft
Freimoos
Burghamer Filze
Burgham
533
Seebruck

Panoramatour 36

Seeoner Seenlandschaft
Durch das Naturschutzgebiet Seeoner Seen zum Kloster Seeon

DAUER	1h 45min
LÄNGE	5,5 km
AUFSTIEG	39 hm
SCHWIERIGKEIT	LEICHT
MIT ÖFFIS ERREICHBAR	nein

Das erwartet dich ...

Eine Rundwanderung durch das Naturschutzgebiet der Seeoner Seenlandschaft mit Blick in die Chiemgauer Alpen. Wir gehen die eiszeitlichen Hügelchen hinauf und hinunter zum Kloster Seeon mit der prächtigen Klosterkirche St. Lambert am Klostersee. Bis zur Gründung des Benediktinerklosters Seeon im Jahr 994 war die Gegend eine nahezu undurchdringliche Wildnis mit Sümpfen, Mooren und Bruchwäldern. Einkehren können wir in der Klostergaststätte oder im Alten Wirt in Seeon bei der Kirche.

Start & Ziel & Anreise

Seeon, Parkplatz beim Infopavillon Weinbergstraße. Mit dem Auto von München auf der B 304 über Wasserburg am Inn bis Rabenden. Dort rechts nach Seeon am Klostersee und zum Infopavillon Weinbergstraße.

Tourenbeschreibung

Von unserem Parkplatz gegenüber dem Rathaus in Seeon wenden wir uns nach links, folgen der Weinbergstraße um die Kurve und zweigen dann in den Rosenbichlweg ab. An seinem Ende mündet er in einen Feldweg, der uns aufwärts in einem Linksbogen zu einem Querweg führt. Wir biegen links ein und an der Baumreihe in den rechten Weg nach Engering. Nach der Kurve am Weiler gehen wir in das linke Sträßchen und sofort erneut links auf den schmalen Weg, der nach rechts hinunter an den Griessee führt. Wir gehen direkt auf das Ufer zu und wenden uns dort nach rechts zum Parkplatz beim Strandbad Griessee.

Am Ende des Parkplatzes wenden wir uns nach links und halten uns weiterhin links, den Griessee immer im Auge. Wir wandern nun über einen Bach, der den Brunnensee und den Griessee verbindet, leicht bergauf, um uns oben nach rechts zu wenden. Es geht leicht bergab, gegenüber wieder hinauf und über die Hügelchen die der Eiszeitgletscher aufgehäuft hat. Wir stoßen auf die Straße nach Weinberg und sehen bereits das Kloster Seeon auf der Halbinsel im Klostersee. An der Kapelle Sankt Florian biegen wir rechts ab auf den Uferweg zum Kloster. Auf halbem Weg kommen wir an der mächtigen Mozarteiche vorbei zur zauberhaften Kirche St. Walburgis. Dann stehen wir vor dem Kloster, das heute ein Tagungszentrum ist. Dort erwartet uns die Klostergaststätte mit Seeterrasse und Blick über den See.

Links gehen wir beim Kloster vorbei über den Holzsteg zur Kirche St.Maria in Bräuhausen. Hier sollten wir unbedingt einen Blick hineinwerfen; anschließend sind wir fast schon am Ziel.

Wer Lust auf einen leckeren Kuchen hat sollte unbedingt im Waltenbergstüberl vorbeischauen; einfach von der Weinbergstraße links den Waltenbergweg hinauf. Jetzt noch die Weinbergstraße rechts am Ufer entlang und wir erreichen den Infopavillon von Seeon. Neben der Kirche Sankt Ägidius gibt es das gemütliche Wirtshaus „Zum Alten Wirt", mit toller Gewölbedecke und schönem Biergarten; serviert werden bayerische Schmankerl.

Autoren Tipp

Die einstige Benediktinerabtei, gegründet 994, gehört heute dem Bezirk Oberbayern. Als eines der schönsten historischen Ensembles im Chiemgau ist Kloster Seeon heute Veranstaltungsort für Konzerte, Lesungen und Ausstellungen. Während einer Führung durch die Klosterkirche St. Lambert, das Rokokojuwel Abtskapelle St. Nikolaus und die frühere Klosteranlage erfahren wir viele Details zur Architektur und Geschichte. Natürlich gibt es sie auch hier, die Klostergaststätte. Lauschig sitzen im Kastanienhof oder Tafeln mit Seeluft auf der Seeterrasse.

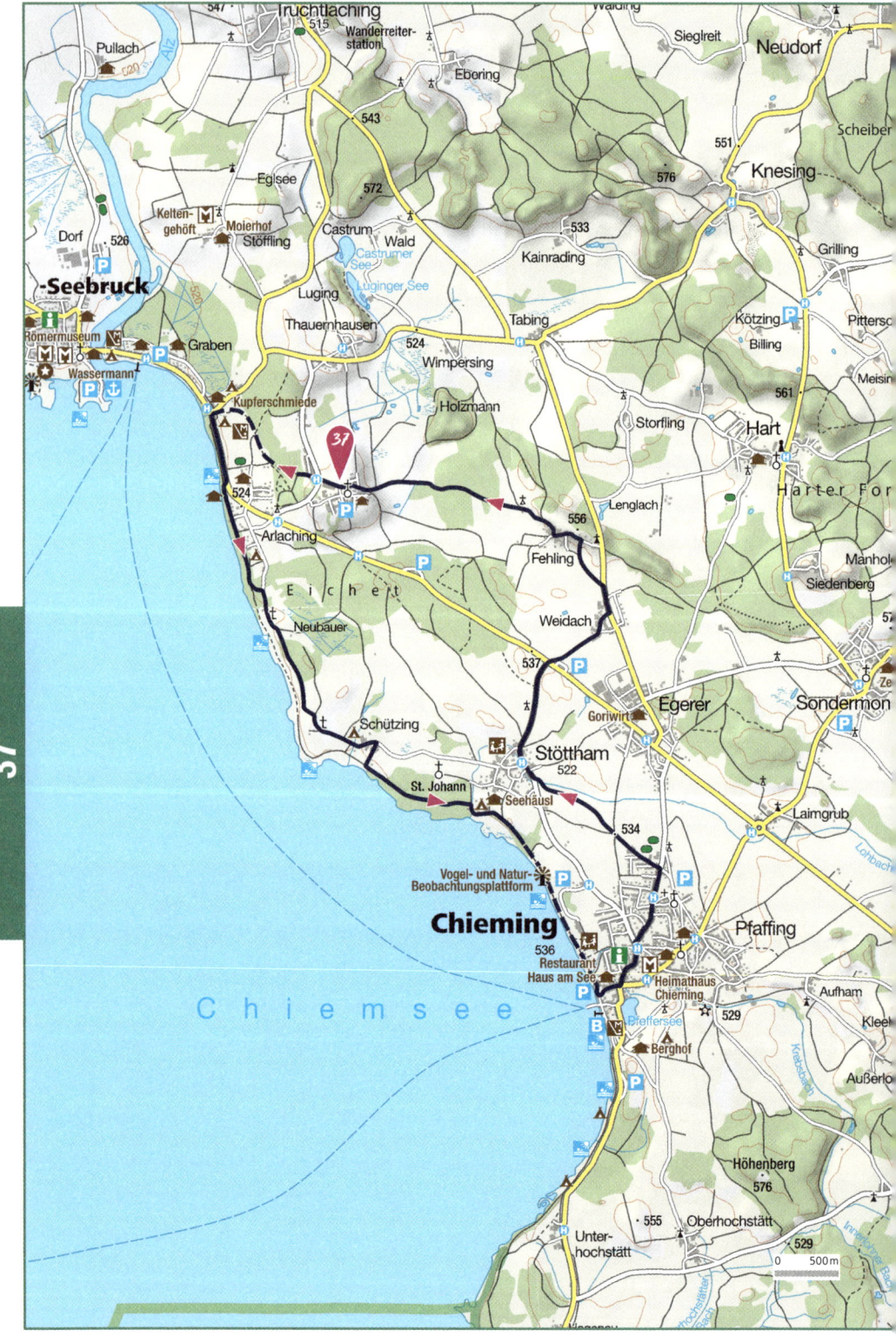

Von Ising nach Chieming

Panoramaweg am Ufer des Chiemsees

Genusstour 37

DAUER	3h 35min
LÄNGE	12 km
AUFSTIEG	43 hm
SCHWIERIGKEIT	LEICHT
MIT ÖFFIS ERREICHBAR	nein

Das erwartet dich ...

Am Ostufer des Chiemsees führt die Rundwanderung von der Wallfahrtskirche Maria Himmelfahrt mit fantastischen Ausblicken auf das See- und Alpenpanorama des Chiemgaus am Ufer entlang nach Chieming. Oberhalb des Chiemsees über Stöttham und Fehling um den Eichet herum erreichen wir den Golfplatz Gut Ising und unseren Ausgangspunkt bei der Kirche.

Start & Ziel & Anreise

Ising, Parkmöglichkeiten im Ort bei der Kirche. Mit dem Auto auf der BAB A 8 München–Salzburg bis zur Ausfahrt 112 Traunstein/Siegsdorf-Ost. Auf der B 306 nach Traunstein fahren und dort links durch Traunstein über Chieming nach Ising.

Tourenbeschreibung

Vom Parkplatz gegenüber der Wallfahrtskirche Maria Himmelfahrt gehen wir den Kirchberg hinunter zur Kapelle. Wir queren die Straße und folgen dem Weg im rechten Bogen erst durch den Wald und dann über die Wiesen nach Arlaching. Vor dem Wirtshaus SEEside Kupferschmiede wenden wir uns zum Ufer des Chiemsees und gehen durch die Unterführung.

Unterhalb der Straße wanden wir entspannt unter schattigen Bäumen nach links am Chiemsee entlang. Bald verlässt uns die Straße und nach den letzten Häusern von Arlaching gehen wir links hinauf zur Seestraße und biegen rechts auf sie ein. Schützing heißt der nächste Ort, schön oberhalb des Chiemsees gelegen mit Ausblick auf die Chiemgauer Berge.

Wir gehen hinunter zum See und links unterhalb der Kirche St. Johann entlang zum Restaurant Seehäusl am Campingplatz. Ein wenig geht es am Weinberg aufwärts zu einem Punkt mit Panoramablick über den See. Einen weiteren grandiosen Aussichtspunkt, die Naturbeobachtungsplattform, erreichen wir kurz vor Chieming mit großartigem Ausblick auf die Bergkette.

Bald erreichen wir den Parkplatz beim Restaurant Haus am See und wenden uns links hinauf durch die Markstatt zur Hauptstraße in Chieming. Links an der Eisdiele vorbei gehen wir durch die Stötthamer Straße bis an den Kreisverkehr. Ein Stück gehen wir noch geradeaus, dann rechts in die Josef-Heigenmooser-Straße und weiter bis vor die Schule. Dort links auf den Mitterweg geradeaus nach Stöttham.

Dort stoßen wir auf die Isinger Straße und folgen ihr in einem Rechtsbogen zur Staatsstraße. Gegenüber gehen wir nach Weidach bis an die Kreisstraße. Hier wenden wir uns nach links und dann erneut links auf den Feldweg nach Fehling. Wir biegen links auf die Ortsstraße ein und verlassen sie nach rechts unterhalb des Taxbichl.

Ein Sträßchen führt nun zwischen Pferdekoppeln und Weideland durch einen Wald zum Golfplatz Gut Ising. Unter mächtigen Linden erreichen wir Ising und kommen wieder zum Parkplatz bei der Wallfahrtskirche Maria Himmelfahrt, unserem Ausgangspunkt.

Autoren Tipp

Der berühmteste König Bayerns war zweifelsohne König Ludwig II., mit schillerndem Beinamen der „Märchenkönig". Er war Visionär und Erbauer von Schloss Herrenchiemsee. Seine Privatresidenz sollte es werden, prunkvoller als das französische Vorbild Schloss Versailles. Grandios der Spiegelsaal, die Fülle und Qualität der Textilien und der Porzellane sind unvergleichlich und sogar besser als in Versailles. Bis 1881 wurden die Privaträume fertiggestellt, doch König Ludwig II. wohnte nur einige Tage auf Herrenchiemsee.

Tiroler Ache

Unterwössen
565
555
Raiten
571

790
Huberalm
Diensthütte

1222
Weitwiesberg Heinzenalm
784
Emperbichl

Oberauer Brunstalm
861
Zellerwand Zellerwand

Diensthütte
712
611 558
Zellersee
NSG
Mettenhamer
Filz

562 555

Hotel Astri

Vogelschau
663
Mühlau
Mettenham Buchberg
661
Buchberg

Weidachberg
880
569 Garbmül
Kruchen-

960
557
Staffen Chiemseeblick
Bàlsberg
743
hausen

Mühlberg
580
Baumgarten
Landerhausen
Gscheuerwand

Schleching
569
1106
Langrücken
Teilleitenrücken 776
Achentalblick
Rexmoos

600
Diensthütte
Ach-
berg
1004
1023
1116

Krül
Pilz

Ettenhausen
Wagrain
717
Keuzwiesen
Häusleralm
Wegmannalm
1079
Langwiese 657
Hexennest

575
Heideralm
Peterer Alm
Diensthütte
Baumgartenalm
Jägeralm
Schleich
Gschwend

594
38
Donauer-
alm 1045
Chiemhauser
Alm
929
Vogelwand

814
Streichen
1360 Stoiben-
möseralm
1273 Diensthütte
1043

Streichenkapelle
Streichen
1157
Sauermöseralm
Stoibenalm

Schloßberg
Bäckeralm
Taubensee Sonnwendköpfl

691
Rauhe-Nadel-Kopf
1266 1165
1279 Dichtleralm
Aßbergalm

686 Huberalm
Raineralm
Schafflerkaralm
Hirzinghütte
Embacheralm
1025 1134 Liebberg-Dien

Entenloch
616
Schrottwiesalm
Frankenalm
Ast zu
Moosenhütte
990 Hutzenalm

1071 Klobenstein
Wallfahrtsort
Klobenstein
1068
Exenbergeralm
Rinder-
brachalm
Ochsenalm
Möserberg
1048

Wetterfahne
1284
Schwarzwald
Wetterkreuz
1061 Glapfar
Haus

ringalm
1010
Hinhageralm
Klausen
176
Mühlbergalm
Schafflerhof
778
Ruppen
Embach
Birnbach
Landhaus Franzisku

Saliterer
590
Feilenberg
748
Walderlebnisbad
Oberbichl
765
Haus am Wiesbach
Glapfhof

Staffnerhof
630
Staffen
Sportalm
Moosen
Zeistern
Eglack
Lanz
807
Hotel
Peternhof
Kronbichl
Fritzing
Unter-
bichl
Illmau
Kraut-
loider

enberg
793
Staffner
930 Egg
Kössen
589
Grünbach
Faisten-
tal
Bogenschieß-
Parcours
655 Benzeck
stüber
690

Glassalm Hotel Alpina
Sonneck
592
Blaik
Vorderblaik
666
Hoch-
moor
172

Außerkapelle
Brennerwirt
Waidach
Hütte
Ila Alberto
607
Marien-
höhe
Weggeld
Ginzen
Hacklried
Veitenhof
End-
tal
Breitau

Kaiserwinkl-
Golfanlage
Clubhaus
Eurocamping
Wilder Kaiser
Unter-
straß

0 500 m

307

38

Alpintour

Zum Taubensee
Hoch über dem Tal der Tiroler Ache

DAUER	4h 45min
LÄNGE	7,75 km
AUFSTIEG	555 hm
SCHWIERIGKEIT	MITTEL
MIT ÖFFIS ERREICHBAR	nein

Das erwartet dich ...

Eine Rundwanderung zum beliebten Taubensee, „Das Auge des Chiemgaus", wie er genannt wird, an der Grenze zu Österreich mit einigen Einkehrmöglichkeiten unterwegs und zur Taubenseehütte mit traumhafter Aussicht in die Chiemgauer Berge. Wir gehen auf guten Forststraßen aber auch über steile und felsige Pfade zum Taubensee hinauf und hinab. Er lädt zum Baden ein, bei Wassertemperaturen im Sommer von über 20°C. Und dann ist da noch die Streichenkirche hoch über der Tiroler Ache gelegen, die durch ihre Fresken und dem kostbaren Kastenaltar berühmt ist.

Start & Ziel & Anreise

Schleching-Ettenhausen, Wanderparkplatz 2 unterhalb der Streichenkirche. Mit dem Auto auf der BAB A 8 München–Salzburg bis zur Ausfahrt 106 Bernau am Chiemsee. Auf der B 305 über Bernau am Chiemsee und Grassau nach Marquartstein. Dort auf die B 307 nach Schleching und Ettenhausen bis zum Weiler Wagrain, links abbiegen und das kurvenreiche Sträßchen Richtung Streichenkirche bis zum Wanderparkplatz 2 hochfahren.

Tourenbeschreibung

Wir beginnen unsere Tour beim oberen Parkplatz 2 an der Straße zur Streichenkirche St. Servatius. Nach ein paar Minuten biegen wir links ab und folgen der Markierung 9 Taubensee. Über die Lichtung geht es bergauf über den Wiesenweg an den Waldrand zur Peterer Alm. Hier gibt es eine super Brotzeit. Ein Stück weiter oben wenden wir uns auf den breiteren Weg nach rechts zur Donauer Alm. Nach der Kurve liegt oberhalb die bewirtschaftete Chiemhauser Alm. Wir bleiben aber unten auf dem Weg und erreichen den Abzweig zum Aussichtspunkt Geigelsteinblick.

Dort beginnt auch der Kroatensteig. Der Weg wird schmaler, der Pfad steiler, teils über Trittstufen und Treppen, wo es bei Nässe unangenehm rutschig sein kann. Nach einem letzten sehr steilen und felsigen Anstieg erreichen wir einen Sattel mit dem Schild Taubensee, der den Blick Richtung Kössen/Reit i.

Winkl öffnet. Ein ebenfalls recht steiler und felsiger Abstieg bringt uns zu einer Abzweigung, wo wir nach rechts schwenken und nach ein paar Minuten vor der aussichtsreichen und bewirtschafteten Taubenseehütte auf 1165 Meter stehen.

Eine traumhafte Aussicht erwartet uns dort auf österreichisches Gebiet. Wie gehen zur Abzweigung zurück und wenige Meter später sind wir beim Taubensee, wo wir uns links halten und dem Schild Luftbodensteig/Sauermöseralm folgen. Der schöne Pfad führt direkt am See entlang bis zu einer weiteren Abzweigung, wo wir links der Markierung 9 folgen. Wir erreichen nach einem kehrenreichen Abstieg im schattigen Wald eine Fahrstraße, die uns links auf den Anstiegsweg zurückbringt.

Nach der Peterer Alm gelangen wir hinab zur Streichenkirche und dem historischen Wirtshaus am Streichen bzw. zum Parkplatz. Mit ihren aus der Zeit um 1440 stammenden Wandmalereien ist sie ein außergewöhnliches Zeugnis mittelalterlicher Kirchenkunst und fantastischer Aussicht in die Chiemgauer Berge. Die Zukunft des Wirtshauses ist derzeit leider ungewiss.

Auch im Winter ist der Taubensee ein schönes Tourenziel

Eschelmoosstube-
Diensthütte
Kratzenanriel
Haaralmschneid 1577
Kratzelschneid
Brand
Berggasthof
Butznwirt
Märchenwald
Freizeit
Ruhpoldi
737

Eschelmoos-
klause
Haaralm
Jhtt.
Tannberg
Diensthütte
Eingefällene
Wand
Gruttau
Sulzen

Lochköpfl
1300
Diensthtt.
Linner-Mais-
Alm
Urschl-
au

Weißgrabenstube
Langaueralm
(verf.)
Schwarziachenstube
Diensthtt.
Gründberg
1225
Via Veritas
Meditationsstätte
Bergwald-
erlebniszentrum
Untere Urschlauer Wand
Zwölferspitz
Durlachkopf
1395
Mittagwandl
148
Eisen

Rehwaldkopf
1395
Diensthütte
Jhtt.
1030
Dandlalm
Sulzgrabenkopf
1521
Simandlmaisalm
1416
Branderalm
Diensthtt.

Röthelmoosstube
Langer-
baueralm
Röthel-
moosalm
Kienberg
Kreuzstein (Jhtt.)
Hörndlalm
Seehaus

Diensthütte
Rehwaldstube
Hochscharten
1474
Gurnwandkopf
1691
Hörndlwand
1684
Ostertal
1416
Schlösselschneid
305
Se

1267
(verf.)
Hochkienbergalm
(verf.)
Diensthütte
Elsental
1200
Seehauser (Hoch-) Kienberg
771

Grabenalm
Tempelberg
39
Lödenalm
Diensthütte
Deutsche Alpenstraße

Stuhlkopf
1264
Stuhlfen
bruchen
Mittersee
756
Weitsee-
Diensthtt.
Wimmeralm-
Diensthütte
1233

Jochberg-
Diensthtt.
792
Weitsee
(753)
832
Bürgl
865
Dürrfeldkreuz
Hausgrabenkopf
1412
WILDE HAUSGRABEN

Antenzagl
1323
Dürrnbachhorn
Wildalphorn
1738

Seewände
Sachen-
bacheralm
(nur Winter)
See-
wiese
1354
1490
LEMBERG
Lembergschneid
1597 1642
1776 1767
Dürrnbacheck
1590
Gimpling-
sattel
1541
Riegerkase
Wildschutz-
gebiet

1017
Salzmaier
gatterl
Dürrnbachalm
(nur Sommer)
1331
(nur Sommerbetrieb)
Finsterbachalm
1323
Hochgin

Wirtalm
See-
gatterl
305
Gondelbahn Winklmoosalm (Winterbetrieb)
Hahnfilz-
Diensthtt.
1132
Kohlstatt
1450
Finsterbach-
straße

Sondersberg
1247
Sulzen-
Diensthtt.
1242
1113
1146
Roßhütte
Traunsteiner Htt.
1166
Winklmoosalm
Hotel Winklmoosalm
Almstüberl
Gernfilzen
Landschafts-
schutzgebiet
1168
Kreuzbrücke
15

Nattersbergalm
936

0   500 m

39

Gipfeltour

Zwei-Gipfel-Tour

Gurnwandkopf und Hörndlwand in den Chiemgauer Alpen

DAUER	6h
LÄNGE	8 km
AUFSTIEG	985 hm
SCHWIERIGKEIT	SCHWER
MIT ÖFFIS ERREICHBAR	nein

Das erwartet dich ...

Eine Wanderung in den Chiemgauer Alpen auf zwei Gipfel. Vom Weitsee aus steigen wir zum Gurnwandkopf auf 1691 m auf, dann hinüber zur Hörndlwand, 1684 m hoch. Anfangs gehen wir auf einem steilen Waldpfad, dann auf guten Bergpfaden zum Gurnwandkopf. Im Gipfelbereich der Hörndlwand gibt es einige felsige Passagen. Der Abstieg zum Lödensee wartet im Wald mit steileren Abschnitten auf. Einkehren können wir in Reit im Winkl oder in Ruhpolding.

Start & Ziel & Anreise

Parkplatz zwischen Weitsee und Mittersee an der B 305. Mit dem Auto auf der A 8 München–Salzburg bis zur Ausfahrt 112 Traunstein/Siegsdorf. Nach Siegsdorf abbiegen und von der B 306 rechts auf die St 2098 über Ruhpolding auf die B 305 Richtung Reit im Winkl bis zum Parkplatz am Weitsee links der B 305.

Tourenbeschreibung

Vom Parkplatz gehen wir rechts den Fahrweg hinauf und gelangen an einen Pfad, der rechts abzweigt und steil bergauf in den Wald führt. Im Zickzack überwinden wir schnell rund 500 Höhenmeter und erreichen eine Wegeverzweigung auf etwa 1250 Meter.

Wir steigen nach links weiter in Serpentinen auf, durch schattigen Wald zur verfallenen Hochkienbergalm auf dem Kienberger Hochplateau gelegen. Hier bieten sich schöne Ausblicke hinüber zum Dürrnbachhorn. Geradeaus wandern wir über Wiesen, nun etwas flacher, hinauf zum Sattel unterhalb der Hörndlwand.

Geradeaus geht es hinab ins Ostertal. Wir steigen nach links hinauf zur Verzweigung. Rechts führt der Steig hinauf zur Hörndlwand, links zum Gurnwandkopf. Die Anstiegsroute zum Gurnwandkopf ist gut zu erkennen, führt erst etwas abwärts, dann rechts zum Gipfel auf 1691 Meter hinauf. Gegenüber erkennen wir den zweiten Gipfel des Gurnwandkopfs, auf dem das Obinger Kreuz steht und die Hörndlwand, zu der es jetzt geht.

Hinab und linkshaltend zur Verzweigung und geradeaus zum Gipfel der Hörndlwand auf 1684 Meter. Es klingt recht einfach, aber dessen felsiger Gipfelaufbau verlangt die Zuhilfenahme der Hände.

Wir machen uns auf den Weg hinab zum Weitsee. An der Verzweigung wenden wir uns links zum Sattel und dann rechts über das Kienberger Hochplateau bergab zur verfallenen Hochkienbergalm. Ziemlich geradeaus geht es wieder den steilen Serpentinenweg durch den Wald hinunter bis zur Verzweigung.

An der Weggabelung folgen wir nicht dem Hinweg, sondern nehmen den Weg nach Südosten und steigen unterhalb des Hochkienbergs weiter talwärts ab. Kurz vor dem Lödensee stoßen wir auf den Drei-Seen-Wanderweg. Hier schwenken wir nach rechts und wandern am Waldrand entlang zurück zu unserem Ausgangspunkt zum Parkplatz zwischen Mittersee und Weitsee.

Die Hörndlwand in der Abendsonne

40

Schrög

Wagenau
Farnbichl
Thal
Unterau
Thurn
Holzen
736
Jugendferiendorf
Hochfilz Diensthütte
1256
Inzeller Höhe
-912
Teisenbergkopf
1264
Dienсth.
Boden
Gschwall
Boden
Panholz
Wimmerhof
Mayerbüchler
Brenneralm
Steintal Diensth.
Bäckeralm
1067
Am Ellenbach
Soccer Park
Schwarz-berg
723
Hutterer
Weissenbach
Dienath.
Adlgäß
805
Fantenberg
Vorder-gschwall
Windgrat
Schwarzberg
Ed
Brenner
Klaffeln
Pommern
768
Wien
Wald
Weissenhof
Reith
Teisenberg
Düft
Wallnerhof
Filze
691
Unterrain
Sterr
Einsiedl
Schneewinkel
Kritische Akademie
Inzell
693
Oed
Eck
Breitmoos
St. Nikolaus
Gschwendt
Keitl
Kesselalm
Niederachen
Oedmühl
Ödmühle
708
Würau
Zum Gaßl
Kapell
Ramsen
Hinter-bichl
Vorder-bichl
687
Badepark
Kurpark
FeWo Hirschbichler
Paulöd
Schürzbichl
826
Haus Schwalbennest
Brand
Kienau
Kranawitt
Bichl
See
Hotel-Restaurant Binderhäusl
785
Hausmann
Söldenberg
Reiten
Sulzbach
Kraftelsee
Zehne
Kohlgrub
791
829
771
Max Aicher Arena
707
Gruberhörndl
1450
Kienberg
Deutsche Alpenstraße
Zwingsee
708
Falkenstein
1181
Falkensee
Kohleralm
1493
Gasthof Schmelz
Kienbergl
1135
Weittal Diensthütte
Staufenstube Diensthütte
1060
Fahrries-boden
1071
Wasserloch
Großer Turm
1120
Scharnkopf
1356
1362
Moaralm
Diensthütte
40
Zwing
Scharmann
Diensthütte
Jhtt. Oberkastner
851
Lahnboden
Gletschergarten
Eckharter Alm
Diensthtt.
Scheuerl
Jochberg
Zenokopf
Inzeller Skihütte
Wildschutz-gebiet
1522
1603
Maierknogl
1303
Scharn
773
Eckhart
677
Inzeller Kienberg
Maisenberg
891
709
Primbacher
756
Haarbacher
Kienberg Diensthütte
Rauschberg Diensthütte
623
Reiter Seelauer
771
Bichler Gruber
Weißbach a.d.Alpenstraße
612
Mitterwald Diensthütte
926
Harbachalm
762
Bichleralm
Schadlosberg
922
Höllenbachalm
785
Seßseekopf
1153
Hientalklause
Sulzenstübl
1004
1016
Reiteralm
993
Weikertsteinkopf
Geisler Ederbauer
715
Alpenland
Stabach
Geislersäge
305
635
Käserkopf
1281
Hiental Diensthtt.
1330
674
Rabenpalven
1072
Mauthaus
0   500 m
772
Alba

Genusstour 40

Falkenstein-Umrundung

Durch das Tal des Falkenseebachs nach Inzell

DAUER	2h 15min
LÄNGE	6,5 km
AUFSTIEG	62 hm
SCHWIERIGKEIT	LEICHT
MIT ÖFFIS ERREICHBAR	nein

Das erwartet dich ...

Eine Rundwanderung für die ganze Familie die auch mit einem Kinderwagen möglich ist, abgesehen vom Abstecher zum Gletschergarten und zum Krottensee, auf einem fast ebenen und breiten Wanderweg rund um den 1181 Meter hohen Falkenstein. Dabei wandern wir durch das wunderschöne Tal des Falkenseebaches am Falkensee und am Krottensee vorbei zum Zwingsee bei der Eisschnelllaufhalle in Inzell und zurück zum Gasthaus Zwing. Einkehren können wir im Gasthaus Zwing oder in Inzell.

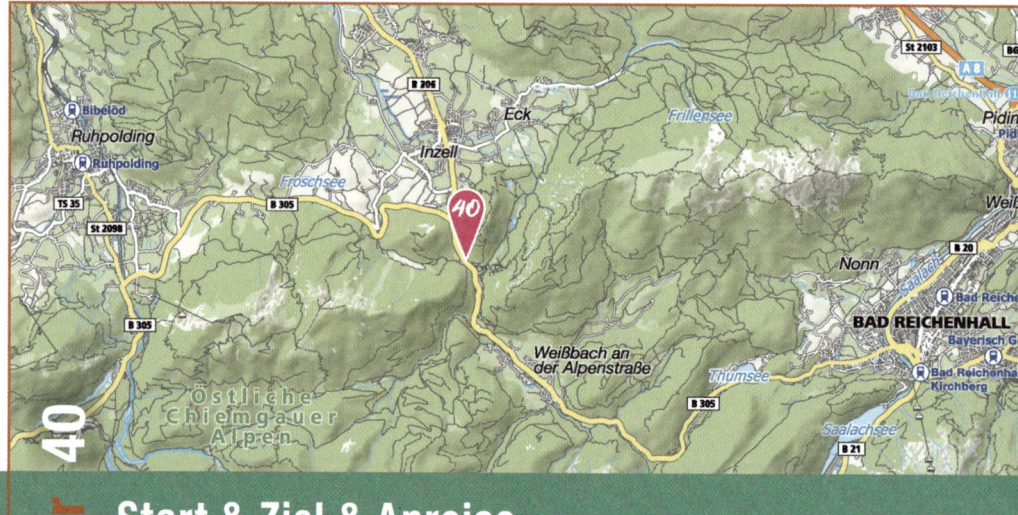

Start & Ziel & Anreise

Inzell, Parkplatz beim Gasthof Zwing an der B 305 Richtung Weißbach. Mit dem Auto auf der BAB A 8 München–Salzburg bis zur Ausfahrt 112 Traunstein/Siegsdorf-Ost. Nach Siegsdorf abbiegen und auf der B 306 nach Inzell. Weiter auf der B 305 Richtung Weißbach bis Zwing und rechts zum Gasthaus und Parkplatz.

Tourenbeschreibung

Vor dem Gasthof Zwing orientieren wir uns auf der großen Wandertafel nochmals über unsere Tour und gehen durch die Straßenunterführung zur anderen Seite der der B 305. Wir halten uns erst rechts und dann links in den Wald. Am Abzweig nach Scharmann können wir einen Abstecher zum Gletschergarten machen.

Dann müssen wir also nach rechts abbiegen und gleich links über den Bach und am Waldrand entlang zum Abzweig rechts hinab über Stufen zum Gletschergarten. Ein beeindruckendes Stück Natur aus der Eiszeit vor 15 Millionen Jahren mit schönem Wasserfall.

Wir gehen zurück zum Abzweig, dort rechts auf den Weg am Waldrand entlang, dann durch den schattigen Wald zum Falkensee. Bei der Schutzhütte geht es über

Stufen zum See hinunter. Rechts begleiten uns die hoch aufragenden Felswände der westlichsten Ausläufer der Staufengruppe, links der 1181 Meter hohe Falkenstein zum Abzweig an den Krottensee.

Wer ihn sehen will wendet sich nach links auf den schmalen und wurzeligen Weg zum moorigen Krottensee. Am Fuße des Söldenbergs führt der Weg dann rechts zur Brücke am Falkenseebach.

Wer den Abstecher nicht macht geht auf dem breiten Weg über den Falkenseebach, dann nach links am Ufer entlang und erneut über eine Brücke am Falkenseebach. Der breite Wanderweg führt rechts um den Söldenberg herum zu den Parkplätzen am Falkensteinweg. Bei der Siedlung biegen wir in die Bichlstraße ein und kommen am Hotel-Restaurant Binderhäusl vorbei. In der Ortsstraßenkurve gehen wir geradeaus, dann rechtshaltend in den Wald. Wo der Weg eine scharfe Rechtskurve macht biegen wir links ab hinunter zur Eisschnelllaufhalle (Max-Aicher-Arena) von Inzell und zum Zwingsee.

Die Halle ist sozusagen das Wahrzeichen von Inzell mit ihrer einzigartigen Rundumverglasung und der markanten Dachkonstruktion. Links gehen wir am Ufer des Zwingsees entlang und dann auf dem als Soleleitungsweg ausgewiesenen Weg neben der B 305 nach Zwing zurück. Nochmals unter der B 305 hindurch zum Parkplatz und zu unserem Ausgangspunkt beim Gasthaus Zwing.

Der Falkensee mit dem Großen Turm im Hintergrund

Weilham
Hechenberg
Herm-
eich
Eschelbach
Esbach
Hof
Weiherhaus
Törring
Moosen
Falting
Mitter-
-roidham
Schwank
Mönchspoint
Haus
Niederstockham
Unter-
Wimpasing
Thalwies
Berg
Harmoning
Stecken
Windschnur
Furthmühle
Gierling
Reitmeier
Henn-
hart
Tengling
St. Coloman
Langwied
Bermoos
Steineck
Weinberg
Burg
Steingrub
Teglinger Bach
Wilgering
Aignsee
Burgeralm
Haseneck
Fisching
Kaholz
Weitgassing
Oed
Bromberg
Schönhofen
Gessen-
hausen
Salling
Café
Höhenreit
Thalpoint
Zaglreit
Pertenham
Mauerham
Nothbicheln
Jettenleiten
Eichau
Hörgassing
Tachinger See
Hinterreit
Weierhaus
Assing
Gröben
Hirschbuch
Hahnbau
Hirschpoint
Moosmühle
Blindenau
Buchberg
Moos
Jakobsp
Eging
Obertaching
Bicheln
Bucheck
Mühlthal
Rambicheln
Taching
am See
Seiboldhof
Harmannschlag
Haunerting
Planthal
Untertaching
Au
Schnöbling
Hucking
Höhenberg
Eibl
Krautenbach
Tettenhausen
Tettenberg
Biburg
Ober-
-stefling
Hausstätt
Wolkers
Klein-
-scherzhausen
Unter-
Krautenberg
Gut
Horn
Zintenbach
Groß-
Sterfling
Mooshäuser
Hausleiten
Fisching
Kurhaus
Sprinzen-
berg
Gepping
Kammering
Hotel Eichenhof
Angerpoint
Golfpark
Waging am See
Füging
Waging
am See
Otting
Plosau
Bajuwarenmus.
Vogelmuseum
Unterwirt
Gaden
Egg
Tanner
Wölkhammer
Höllenbach
Oberleiten
Wildenhofen
Seeleiten
Mühlberg
Aglassing
Hp.Otting
Gessenberg
Weidach
Maria Mühlberg
Geismühle
Lohschuster
Buchwinkel
Mauerlohen
Höllaslach
Steppach
0 500 m

Panoramatour 41

Der Tachinger See

Auf den Spuren des heiligen Rupert

DAUER	4h 40min
LÄNGE	15,5 km
AUFSTIEG	191 hm
SCHWIERIGKEIT	LEICHT
MIT ÖFFIS ERREICHBAR	nein

Das erwartet dich ...

Die Wanderung führt durch den Rupertiwinkl zu zahlreichen Kapellen und Kirchen rund um den Tachinger See. Die nach dem heiligen Rupert von Salzburg benannte Kulturlandschaft gehörte jahrhundertelang zum Erzbistum Salzburg. Von Taching am See wandern wir über die Höhen des Westufers nach Tengling zur Kirche St. Colomann und am Ostufer des Tachinger Sees zurück nach Taching.

Start & Ziel & Anreise

Taching am See, Parkplatz unterhalb der Kirche St. Petrus am Kirchberg. Mit dem Auto auf der BAB A 8 München–Salzburg bis zur Ausfahrt 112 Traunstein/Siegsdorf-Ost. Nach Traunstein fahren und von der B 306 rechts abbiegen und über Waging am See nach Taching am See. Kirche und Parkplatz liegen links.

Tourenbeschreibung

Wir starten vor der Kirche St. Petrus mitten in Taching am See und wenden uns nach links in die Straße Kirchberg und sogleich nach rechts in die Kirchfeldstraße. Wir gehen vom Ortsende auf dem als Kapellenrundweg ausgeschilderten Weg den Hügel hinauf zur Martl-Kapelle mit einer schönen Aussicht zum Tachinger See. Wieder abwärts wenden wir uns nach links, passieren den Hof Moos und kommen zur Straße nach Eging. Dort steht die Huber-Schmid-Kapelle.

In Eging bei der Linkskurve biegen wir rechts ab und an der Verzweigung links zur Kreisstraße und der Haltestelle Hammerloh. Gegenüber führt ein schmaler Weg entlang der Straße links nach Hammerloh. Dort biegen wir rechts ein und folgen dem Sträßchen ein Stück entlang des Waldrandes. Ein schmaler Weg biegt dann rechts ab durch den Wald. Wir stoßen auf einen breiten Fahrweg, dem wir rechts

Richtung Mauerham folgen. Dort öffnet sich der Blick zum Tachinger See. Es geht leicht bergab zur Abzweigung nach Pertenham.

Wir gehen durch Pertenham hindurch, erst am Waldrand entlang, dann durch den Wald zum Sträßchen nach Tengling. Bald sind rechter Hand die Kirche St. Coloman und der Tachinger See zu sehen. Wir gehen rechts nach Tengling hinunter an die Staatsstraße und in den Ort hinein. Vor der Kirche Sankt Laurentius biegen wir in die Seestraße ein und gehen über Furthmühle auf dem Weg neben der „Allee" zur Kirche St.Coloman.

Ein wenig geht es links bergauf zur Kirche mit Blick auf die Chiemgauer Berge und den Tachinger See. Der heilige Sankt Coloman hatte im ländlichen Volksglauben eine tief verwurzelte Bedeutung als Viehpatron. Hier im Rupertiwinkl sind einige Kirchen und Kapellen dem Heiligen gewidmet.

Zurück zur Straße und auf der gegenüberliegenden Straße „Am See" gelangen wir zum Parkplatz am Strandbad Tengling. Am Ende des Parkplatzes biegen wir links auf den Weg ein, der über den Tenglinger Bach und dann rechts hinter dem Strandbad entlang zu einem Fahrweg führt. Wir biegen nach rechts ein und gehen lange Zeit am Seeufer durch den schattigen Wald, bis er sich lichtet und linker Hand das Dorf Bicheln sichtbar wird. Hier sehen wir auf der gegenüberliegenden Seeseite Taching.

Nach Tettenhausen ist es nicht mehr weit. Am Seeleitenweg gelangen wir in den Ort und kommen an die Bichelner Straße. Wir gehen rechts zur Hauptstraße und sehen die Kirche St. Florian. An der Hauptstraße wenden wir uns nach rechts zum Campingplatz und Strandbad vor der Holzbrücke.

Hier trennt die Landenge den Tachinger See und den Waginger See. Wir gehen nun entlang der Straße Richtung Taching und unterqueren die Staatsstraße. Rechts erreichen wir Untertaching und dahinter Taching am See. Wir sehen schon die Kirche St. Petrus. Unterhalb noch kurz links in die Mühlstraße und dann rechts zum Parkplatz, wo wir wieder unseren Ausgangspunkt erreichen.

St. Koloman

Salzach

Wimpassing

Buchach

428

Ziegelha

Au

Erlach

414

Ziegelhai

Gö

Höfen

Justizvollzugsanstalt

Osing

Bichlhaiden

Kreu

Hof
430

Bauernhof-
museum

Höfener
Stausee

431

Lebenau-
Forstgarten

432

Maria-Bühel

Stille Nacht
Kapelle

Gastag

Oberndorf-
Bahnhof

Obern

426

Lebenauholz

Osinger Wald

436

Steinbachl

Schrankbaum

Totenberg

Mariä Himmelfahrt

Europa-
steg

Salzach
Brücke

Pölln

442

Straß

Letten

Neuarbisbichl

437

Traunsteiner Hof

Kapuziner-
hof

Burgfeld

Penesöd

Streitwies

Harpfetsham

Schnapping

Hasenhaus

20 404

Arbis-
bichl

Laufen

Steinbach

Wim

Eschelbach

Kulbing

Pfaffing

Stockham

Biburg

LAUFEN
a. d. Salzach

420

Kletzling

F o r s t

Kulbinger

Esing

Esinger Mühle

Baumgartenöd

Haiden

Hagmühl

467

438

420

396

Wiedmais

Filz

459
457

Berg

Hötzling

Froschham

Oberhaslach

Unterhaslach

Arzenpoint

Mayerhofer

442

W i e d m a i s

442

Au
b: Stögen
440

42

394

Stögen

Leobendorf
456

Seeleiten

Moosham

Oberheining

Lepperding

396

Dax-
mühle

Oed im Moos

429

Seebad

Abtsee

Daring

Sturz

W e i d m o o s

432

Camping & Strandbad

Klinik

Fisching

454

Niederheining
405

399

Ehemoosen

Haarmoos

406

Seethal

Thannberg

470

Kafling

448

466

Seebichl

Abtsdorfer
See

Lauterbrunn

Thannhausen

Gastag

Dorfen

H a a r m o o s

Fischer

431

Seemair

Abtsdorf
459

451

Zu
Loh

407

Rudholzen

Röderberg

Emmering

Badhäusl

Oberholzen

452

Hungerberg

Friedelreut

Haarmoos

464

Oder

440

Loh

Gaus
burg

448

440

Leustetter Berg
472

Döderholzer

Käs
Paulb

Isselau

Brünnthal

Stein-
brünning
469

Gro
gerstett
K

463

NSG

Leustetten

Hausen

Wölfelsberg

Simmersberg

Berchtolding

Pirach

Filzhäusl

Moosen

484

Hausen

Stützing

Paradies
(Stadlerhäusl)

Mooswastl
Spitzer

Holzhausen

Kemating

465

Surh

Hubmühle

Oberhub

457

Schign

Wiederlohen

444

Stockach

Saaldorf-
430

Ob

Haag

441

Langwied

Handweberei
Huber

Mayerwirt

Kreta

Rehrl

421

0   500m

Genusstour 42

Der Abtsdorfer See
Eine Wanderung um den Abtsdorfer See im Rupertiwinkl

DAUER	2h 15min
LÄNGE	7 km
AUFSTIEG	82 hm
SCHWIERIGKEIT	LEICHT
MIT ÖFFIS ERREICHBAR	nein

Das erwartet dich ...

Hier entdecken wir die Schönheit des bayerischen Rupertiwinkels bei einer Wanderung rund um den Abtsdorfer See. Der wunderschön gelegene Moor-Badesee und das angrenzende Haarmoos bilden ein zusammenhängendes Landschaftsschutzgebiet. Wer sich für Vogelarten interessiert, ist hier genau richtig. Im weitläufigen Haarmoos leben noch die seltenen Wiesenbrüter. Durch seine geringe Wassertiefe von maximal 20 Metern erwärmt sich der Abtsdorfer See schon im Frühjahr sehr stark. Da er zudem an vielen Stellen frei zugänglich ist, ist er ein idealer Badesee.

Start & Ziel & Anreise

Leobendorf, Parkplatz direkt vor dem Gasthof Leobendorf, neben der St 2103, unterhalb der Kirche. Mit dem Auto auf der BAB A8 München–Salzburg bis zur Ausfahrt 115 Bad Reichenhall. Auf der B 20 über Freilassing nach Laufen (Salzach) fahren. Dort links auf die St 2103 nach Leobendorf zum Gasthof Leobendorf.

Tourenbeschreibung

Wir beginnen unsere Rundtour in Leobendorf auf dem großen Parkplatz vor dem Gasthaus Leobendorf, unterhalb der rechts oben thronenden Kirche. Nach Überqueren der Straße folgen wir dem Rad- und Gehweg rechts hinunter zum Strandbad am Abtsdorfer See. Die Seeterrasse lockt mit herrlichem Blick auf die Alpen und leckerem Essen.

Die Straße führt links am Bad vorbei zum Schloss Abtsee im Herzen des Rupertiwinkls mit schönem Park am See, leider alles privat. Im Schloss selbst befindet sich eine Klinik. Dann geht's weiter zum Badeplatz und Jugendfreizeitplatz am See unterhalb der Seeleiten. Wir biegen aber bereits am davorliegenden Parkplatz rechts ab zum Ufer und folgen dem schmalen Weg direkt am Ufer nach links zur Kreisstraße bei Seethal.

Vor der Straße führt ein Weg entlang der Straße an den Parkplätzen vorbei über Lauterbrunn (öffentliches WC) bis an den Abzweig zum Seemair. Wir halten uns rechts und folgen dem Sträßchen über Badhäusl nach Fischer. Hier beginnt das Haarmoos. Es ist das größte Wiesenbrütergebiet Südostbayerns und die letzte große Streuwiesenlandschaft im Berchtesgadener Land. Wir gehen geradeaus und kommen zur Aussichtsplattform mit Blick über das Haarmoos.

Sie liegt links der Straße etwas erhöht und mit einem Fernglas ausgestattet zur Beobachtung der Wiesenbrüter. Das Sträßchen erreicht Seebichl mit Blick zur bewaldeten Insel, auf der im 14. Jh. einmal eine Burg stand.

Über den Bach geht es nach Haarmoos. Dort rechts auf den baumbestandenen Weg hinüber zur Straße nach Leobendorf. Unterwegs treffen wir auf einen Info-stadl über das Wiesenbrütergebiet Haarmoos. Wir queren die Straße und gehen links auf dem Rad- und Gehweg nach Leobendorf.

Dort nochmals kurz nach rechts und wir stehen wieder vor dem Gasthaus Leobendorf. Kurz vor dem Gasthaus Leobendorf und der verdienten Einkehr bietet sich nach links über die Bergstraße ein Abstecher zur Kirche an. Über ein paar Stufen geht es links vor dem Feuerwehrhaus steil hoch zur Kirche St. Oswald mit herrlicher Aussicht in die Berge.

Der Abtsdorfer See mit dem Untersberg im Hintergrund

305
Punzen
Oberroßhof
Berghof
Löser
Wahl Kohlhiasl
Sulz-
berg
bichl
Wembach
Laxer
Höllgraben
Frechen
Dicken
765
Fegg
Ständler
Dankl
Unteröd
Hanetz
-schönau
Bodner
Wirkl
Binder
Graben
Waldstein
Spinner
Kranvugel
Diohtlor
Bern
Berngrub
Fritzen
Holzen
Hainzen-Reichl
Schapbach
Bründl
Krenn
Unter-
Schwöb
Schneider
Bärenstüberl
Oberöd
Köppeleck
Unterstein
Gröll
Mühl-
eben
Thäler
Alpenhof
Maler berg
Widlbrand
Hinterschönau
Resten
Waldhäuser
Punz
Wiesen
Mühlleiten
Schusterstein
Fasels
Hartler
Grünsteinst.
Schönau
a.Königssee
(630)
Arten-
reit
Hohenwart
Königs-
see
20
Glaser
Koppen-
stein
Holz
Margarethenhof
Vorderbrand
Brandkopf
1156
Kreßgraben
Hochbahn
Neuhausen
Grünstein
1306
Grünsteinhtt.
1220
Hofreit
Jodler
Öd
43
Dörfl
Brandtner-hof
Klingeralm
1329
Weiße Wand
Bob- und Rodelbahn
Villa Beust
185
Halbzei
Schapbachriedel
1203
Schapbachalm
1040
Skihütte
Christlieger
Maler-
winkel
Rabenwand
Hochbahn
Dr.-Beck-Alm
1260
Vogelhütt.
Diensthtt.
Vogelhüttenalm
Wasserfallalm
Wildschutz-
gebiet
Schapbach-boden
Diensthtt.
Mitterkaser
Mitterkaseralm
Sommerbichel
1293
Herrenröint-
Diensthtt.
Falkensteinalm
(verf.)
604
Ronneralm
(verf.)
Strubkopf
1271 Strubalm
1874
Jenne
Kohlschlag
Nationalpark-INFO
Kühroalhütte
1420
Brentenwand
Büchsenkopf
Büchsenalm
1247
Diensthtt.
Holzstube
Königsbachalm
1240
Archenkopf
Im Echo
Kesselwand
Wasserpalfen
Sillenköpfe
Priester-
berger
Moos
Watzmannhaus
1930
1915
Mooslahnerkopf
1815
Aussichtspunkt
Archenkanzel
Archenwand
Kessel
Kesselbach
Priesbergalm
1460
Gotzentalalm
1110
Kl. Watzmann
2307
Watzmannscharte
Lablkopf
2015
Kederbichel
Palfenlahner
Eiswinkel
Unteres
Rossfeld
Unt. Hirschenlauf
Kammerwand
Watzmannkinder
2230 2247
618
Ostwandlager
(Nächtigung nur für
Ostwandbesteiger!)
Seeaukopf
1505
Mittl. Hirschenlauf
Tauernwand
St. Bartholomä
St. Bartholomä
Gotzenstein
Seeaualm
(verf.)
1613
Aussichtspunkt
Feuerpalfen
1741
Bärenkopf
1710
1858
Gotzentauern
St. Johann und Paul
Nationalpark-INFO
(keine Nächtigung!)
Im Reitl
Reitlgraben
Warteck
Gotzenalm
1685
Bärengrube
Hohes
Laafeld
Burgstallgraben
Burgstallstein
1260
Fallangr.
Klausbergl · 1718
Rosengrube
Rosengrube
1837
Burgstallalm
Brandl
Nur für
Geübte!
1704 1717
Gotzenberg
1930
Mitter-
laafeld
Hachlspitze
2066
Schrainbachalm
(verf.)
866
Holzstube
Kauner Holzstube
(verf.)
Kleines Regenbergl
Regenalm
Diensthtt.
0   500 m
Hachlköpfe
Mausalpeck
Hachelklause
Kastl

43

Alpintour

Wandern am Königssee

Auf dem Rinnkendlsteig zwischen Watzmann und Königssee

DAUER	5h
LÄNGE	10 km
AUFSTIEG	830 hm
SCHWIERIGKEIT	SCHWER
MIT ÖFFIS ERREICHBAR	nein

Das erwartet dich ...

Eine Rundwanderung im Nationalpark Berchtesgaden unterhalb des Watzmanns. Wir starten mit einer Schifffahrt auf dem Königssee nach St. Bartholomä und gehen auf dem Rinnkendlsteig zur Kührointhütte. Der Rinnkendlsteig ist teilweise steil und felsig, aber an den entscheidenden Stellen mit Drahtseilen und Leitern gesichert. Er ist als schwer klassifiziert. Wir werden jedoch mit einer der imposantesten Blicke auf den Königssee belohnt. Über die Klingeralm geht es zurück nach Königssee.

ANREISE

Start & Ziel & Anreise

Schönau-Königssee, Großparkplatz bei der Touristinformation Seestraße. Mit dem Schiff von Königssee nach „St. Bartholomä". Mit dem Auto auf der BAB A 8 München–Salzburg bis zur Ausfahrt 115 Bad Reichenhall. Dort auf die B 20 nach Bad Reichenhall fahren und über Bischofswiesen und Berchtesgaden nach Schönau am Königssee.

Tourenbeschreibung

Wir gehen die Bergtour gemütlich an, schlendern vom Großparkplatz die Seestraße hinunter zur Anlegestelle und fahren mit dem Schiff über den Königsseee nach St. Bartholomä.

Bei der Kirche beginnt der Rinnkendlsteig. Linker Hand sehen wir das Haus der Nationalpark-INFO-Stelle. Ein Schild weist uns den Weg zum Rinnkendlsteig nach rechts am Ufer des Königssees entlang. Hinter der Einzäunung am Gedenkstein für die „edle Prinzessin Marie Gabriele" verlassen wir das Ufer und gehen einige Schritte landeinwärts bis zum rechten Abzweig.

Jetzt beginnt der Aufstieg und wir erreichen den felsigen Rinnkendlsteig mit einer Drahtseilpassage. Hin und wieder erleichtern lange Holztreppen das Höhersteigen. Nach etwa 2 Stunden kommen wir an eine Schlucht, die sich von rechts unten hochzieht. Wenig später treffen wir auf eine Verzweigung, die rechts zum Aussichtspunkt Archenkanzel weist. In wenigen Minuten stehen wir am Aussichtspunkt und genießen einen der imposantesten Blicke auf den Königssee.

Zurück bei der Verzweigung gehen wir nach rechts Richtung Kührointhütte. Den breiten Fahrweg lassen wir rechts liegen und nehmen den schmalen Weg durch den Wald, dann über die Wiesen, direkt zur Kührointhütte unterhalb des Watzmanns auf 1420 Meter Höhe. Hier gibt es erst einmal eine Brotzeit, bevor es an den Abstieg geht.

Wir nehmen den Abstieg nach Königssee über die Klingeralm. Er ist mit der Nr. 443 ausgeschildert und bringt uns über den Fahrweg, der von rechts hochkommt, in den lichten Wald hinein. Am Waldrand führt der Weg im Rechtsbogen zu einem von rechts oben kommenden Weg, dem wir nach links abwärts folgen. Wir gehen den bewaldeten Hang hinunter, queren einen Fahrweg und treffen erneut auf einen Fahrweg, der aber hier auch endet. Wir wenden uns nach links und erreichen bald die nicht mehr bewirtschaftete Klingeralm.

Wir gehen über den Klingerbach unterhalb der Hütte und wenden uns nach rechts erst am Bach entlang, später in Serpentinen zum Starthaus der Eisarena Königssee hinunter. Am Rodelbahnweg biegen wir links ein und gehen zur Brücke der Seeklause, wo der See endet und die Ache beginnt. Noch einmal rechts abbiegen und wir stehen wieder am Anlegesteg der Schiffe.

Die Kührointalm lädt zur Rast ein

Unser
Highlight

Lablkopf
2015
Palfenlahner
Eiswinkel
Eisgraben
618
Ostwandlager
(Nächtigung nur für
Ostwandbesteiger!)
St. Bartholomä
St. Johann und Paul
St. Bartholomä
Nationalpark-INFO
(keine Nächtigung!)
Im Reitl
Reitlgraben
Fallangr.
Burgstallgraben
Burgstallstein
1260
1837
Burgstallalm
Scheilköpfe
Schrainbachalm
(verf.) 866
Holzstube
Mausälpeck
Hachelklause
Salzgraben-
höhle
Kastl
Mooskaser
613
Salet
Nur für
Geübte!
Sagereckwand
Simetsberg
1865
Sagereckalm
(verf.)
Simetsbergalm
(verf.)
st-H
Halsgrube
Halsalm
(verf.)
Halsköpfl
1719
Schwarzensee
Scheiberwand
Kuhscheibe
2011
Grünsee
Himmelsleiter
Glunkerer
1932
Grünseealm
Totenstein
1599
1683
Kärlingerhaus
631
Teufelsmühle
Feldkogel
1886
Feldalm
(verf.)
1771
Diensthtt.
Stuhlwand
Pflaumpalfen
1975
Ebenhorn
2376
Stuhljoch
2448
Hochscheibe
2462
Stuhlgrabenkogel
1881
Lederkopf
2113
Hirtenhütte
(verf.)
Nur für
Geübte!
Baumgartl
1788
2233
Schottmalhorn
2089
Totes Weib (Niederbrunnsulzenkopf)
2543
Schwarze Lacke
Brandenberg
2300
2368
Niederbrunnsulzen
2517
Wildalmrotkopf
2192
Salzstattgrube
2433
önfeldgrube

Seeaukopf
1505
Gotzentalalm 1460
1110
Priesbergalm
Unteres
Rossfeld
Fallt-
grube
Unt. Hirschenlauf
Mittl. Hirschenlauf
Rossfeld
Rossfeldalm
(verf.)
Gotzenstein
1613
Seeaualm
(verf.)
Gotzenberg
Bärenkopf
1710
Tauernwand
Bergwachthtt.
1890
Aussichtspunkt
Feuerpalfen
1741
Warteck
Gotzenalm
1685
Bärengrube
1858
Gotzentauern
Bärenkopf
Rote Wände
Hohes
Laafeld
1949
Klausbergl · 1718
Rosengrube
1930
Mitter-
laafeld
1704 ·
Gotzenberg
1717
Kahlersberga
(ver.)
Mitterhüttenalm
(verf.)
Eispfad
Kauner Holzstube
(verf.)
Kleines Regenbergl
Regenalm
Diensthtt.
Landtalalm
(verf.)
Hochsäu
2073
Landtalwand
Regentiefe
Landtalwand
Obersee
(613)
Walchhüttenwand
620
Fischunkelalm
Brustwand
Laubsee
Seilstattwand
Fischunkel
· 703
Hanauer Laubwand
Hanauerlaube
1913
(verf.)
Wildtörl
Walchhütte
(verf.)
Hüttau
Kronalalm
(verf.)
Bergwand
(verf.)
Wasserberg
1487
Sonntagalm
(verf.)
Untere-
Röthalm
(verf.)
Obere-
Diensthtt.
In der Röth
Kuhscheibe
1967
Gamsscheibe
2152
Wasseralm
1416
Schabaualm
(verf.)
Mühlebenwald
Lehlingkopf
1767
(verf.)
Schönfeldwand
Unsonniger
Winkel
2579
Hocheck
2230
Blaue Lache
Funtenseetauern
Graskopf
2519
Leiterkopf
2369
Steinhütterl
Vord.
Wildalm (verf.)
Bluhnbachtörl
Schloßkopf
2139
Neuhütten
Lederkar
Grießkogel
2089
Steinige Grube
Lange Gasse
Laubwand
2182
Mauerscharte
Alpriedlhorn
2368
2543
Rosentalhörnl
2119 2117
Blasser Hund
2351
1983
2025
Jüttental

0   500 m

Panoramatour 44

Königssee und Halsköpfl

Panoramatour im Nationalpark Berchtesgaden

DAUER	6h 45min
LÄNGE	14,5 km
AUFSTIEG	1156 hm
SCHWIERIGKEIT	SCHWER
MIT ÖFFIS ERREICHBAR	nein

Tour 44

Das erwartet dich ...

Sehr abwechslungsreiche Bergtour im Nationalpark Berchtesgaden. Leichter Auftakt am Obersee, dann über den steilen Röthsteig zur Wasseralm mit Übernachtungsmöglichkeit. Dort können wir aus dieser langen Tagestour auch gut eine entspannte 2-Tages-Tour machen. Von hier aus führt eine angenehme Höhenwanderung zum aussichtsreichen Halsköpfl. Der Abstieg führt am verträumten Schwarzensee entlang über den schattigen Sagereckssteig zurück nach „Salet". Bitte die Abfahrtszeiten der Schiffe beachten, denn in „Salet" gibt es keine Übernachtungsmöglichkeit!

Start & Ziel & Anreise

Schönau-Königssee, Großparkplatz bei der Touristinformation Seestraße. Mit dem Schiff von Königssee zur Anlegestelle „Salet". Mit dem Auto auf der BAB A8 München–Salzburg bis zur Ausfahrt 115 Bad Reichenhall. Dort auf die B20 nach Bad Reichenhall fahren und über Bischofswiesen und Berchtesgaden nach Schönau am Königssee.

Tourenbeschreibung

Selbstverständlich starten wir in Königssee mit dem ersten Boot, um so früh wie möglich zur Anlegestation Salet zu gelangen. Dort wandern wir auf dem markierten Weg zum Obersee und am rechten Ufer dem wurzeligen Pfad folgend in den Fischunkelkessel und an der Abzweigung zur bewirtschafteten Fischunkelalm (eine traumhafte Aussicht von hier über den See) vorbei weiter.

Der steile Röthsteig bringt uns recht schnell hinauf und über flacheres und schattiges Waldgelände an den Röthbach und zur Verzweigung, an der es links zur Wasseralm geht. Hier können wir einkehren, bei Bedarf auch die Tour unterbrechen und übernachten.

Der Weiterweg führt in ständigem Auf und Ab als abwechslungsreiche, zuletzt etwas stärker ansteigende Höhenwanderung, meist schön schattig, hinüber zum

Sattel unterhalb des Halsköpfls. In wenigen Minuten gelangt man über einen steilen Hang auf den höchsten Punkt dieses kleinen, aber feinen Aussichtsberges auf 1719 m Höhe.

Wir gehen wieder hinab zum Weg 416, umgehen einen Felsvorsprung und steigen anschließend zum kleinen versteckt liegenden Schwarzensee ab. Hier erreichen wir auch kurz darauf die Verzweigung mit dem Anstiegsweg vom Königssee zum Kärlingerhaus.

Wir folgen der Markierung 422 nun rechts hinab und gelangen über eine Hochfläche zur verfallenen Sagereckalm und zum steileren und teilweise gesicherten Sagerecksteig, der uns über viele Holzstufen und Kehren durch die Sagereckwand den schattigen Wald rasch hinableitet.

Wir haben beim Absteigen immer wieder schöne Ausblicke auf den Königssee. Über Wiesen, der Brücke vor der Saletalm und der Alm selbst, die wenn noch genügend Zeit vorhanden ist zur Einkehr einlädt, erreichen wir die Anlegestelle Salet, wo unsere Bergwanderung endet. Zum Ausklang gibt es noch eine entspannte Schifffahrt zum Ausgangspunkt der Rundwanderung.

Am Obersee

GUT
ZU WISSEN

Hacks

Unsere Wander-Hacks

Es geht auch einfacher

HACKS

SAISONSTART

1000 Höhenmeter und 20 Kilometer sind etwas viel für die erste Tour, fange mit einigen gemütliche Wanderungen an und steigere dich langsam. Je nach Fitnesslevel können das über 500 Höhenmeter am Anfang sein oder auch 200. Hör auf deinen Körper und überfordere dich nicht gleich am Anfang.

AUFWÄRMEN

Das Herz pumpt schon nach den ersten fünf Minuten wie verrückt? Dann bist du wohl zu schnell los ... wie bei jeder Sportart solltest du dich auch beim Wandern aufwärmen: Gehe die erste halbe Stunde etwas langsamer, bis der Kreislauf in Schwung gekommen ist. Vor allem in ungewohnten Höhenlagen muss sich dein Körper erst einmal an die neuen Bedingungen gewöhnen.

SCHUHWERK & SOCKEN

Das richtige Schuhwerk erspart dir sehr viel körperliches Leid – angefangen von Blasen und Druckstellen bis hin zu gefährlichen Stürzen durch Umknicken. Gleiches gilt für Wandersocken: Sie sollten gut passen (lieber etwas zu klein kaufen) und Verstärkungen an der Ferse und Fußsohle haben, damit du hier keine schmerzhaften Blasen bekommst.

Endlich was Neues ausprobieren

Lust was Neues auszuprobieren?

WENN JA HABEN WIR EIN PAAR VORSCHLÄGE FÜR DICH.

- **WAKEBOARDEN:** Auf vielen bayerischen Seen kannst du mit dem Brett durchs Wasser gleiten, wie beispielsweise am Turncable Thannhausen oder im Wasserskipark Aschheim.

- **PARAGLIDING-FLUG:** Über dem Chiemsee mit professionellen Tandem-Piloten fliegen und die herrliche Aussicht genießen.

- **BRAUEREIBESICHTIGUNG:** Was wäre Bayern ohne sein Bier? Bei der „Camba Bavaria"-Brauerei in Seeon kannst du in die Welt des Bieres eintauchen.

- **LAMATREKKING:** Wandern mit Lamas macht eindeutig sehr viel Spaß! Möglich ist das in Bad Tölz mit dem Alpaka-Lama-Team.

- **CANYONING IM ALLGÄU:** Klettern, Rutschen, Springen und Abseilen – Adrenalin pur versprechen zum Beispiel die Stuibenfälle.

Von Vorteil
FÜR MENSCH & NATUR

Nachhaltigkeit

BEIM WANDERN

Wandern ist eine recht schonende Sportart für die Natur und unsere Umwelt, wenn wir einige wenige Dinge beachten. Denn das Gleichgewicht ist hier extrem sensibel: Jedes zurückgelassene Papierchen in schönster Umgebung, jede Plastikwasserflasche oder auch noch so tolle Outdoorjacke, dafür voll von chemischen Inhaltsstoffen, fallen ins Gewicht. Folgende fünf Punkte geben euch einen kurzen Überblick, was ihr für euch und die Natur tun könnt. Denn Umweltschutz betrifft uns alle, schließlich haben wir nur eine Erde und mit dieser sollten wir behutsam und respektvoll umgehen.

Und das kannst du machen ...

01 **Nachhaltigkeit beginnt schon bei der Anreise:** Je mehr Menschen mit dem Auto fahren, desto mehr CO_2-Ausstoß und desto mehr umweltschädlicher Gummiabrieb der Reifen gibt es. Doch viele Ausgangspunkte sind auch gut mit den öffentlichen Verkehrsmitteln zu erreichen. Also einfach mal das Auto stehen lassen. Oder Fahrgemeinschaften bilden.

02 **Keine Einwegflaschen:** Gerade das Trinken ist auf Wanderungen wichtig. Doch sollte man aus Rücksicht zur Natur und sich selbst zuliebe auf Einwegflaschen aus Plastik verzichten und lieber seine eigene Trinkflasche mitnehmen.

03 **Kein Verpackungsmüll:** Die Verpflegung für den Hunger zwischendurch ist mindestens genauso wichtig wie das Trinken. Brotdosen bieten sich zum Transport von Proviant an oder einfach alles in ein Bienenwachstuch einwickeln.

04 **Wanderausrüstung leihen:** Gerade beim Ausprobieren einer Sportart muss nicht gleich alles neu gekauft werden, was dann vielleicht im Keller landet. Manche Ausrüstungsgegenstände können auch erst einmal ausgeliehen werden. Auch ist es nicht notwendig, jedes Jahr ein neues Outfit zu kaufen. Achtet ihr schon beim ersten Kauf auf Qualität, macht sich das bemerkbar, denn qualitativ hochwertigere Produkte begleiten uns oft jahrelang.

05 **Weniger ist mehr:** Oft findet sich die schönste Natur in unmittelbarer Nähe. So muss es nicht immer die weit entfernte Gebirgskette sein. Auch Ziele, die aufgrund ihrer Bekanntheit an Wochenenden und in den Ferien total überlaufen sind, freuen sich über ein paar Besucher weniger. Weniger bekannte Ziele haben auch ihren Reiz und warten nur darauf, entdeckt zu werden.

Endlich
Erfrischung

© **KOMPASS-Karten GmbH**

Karl-Kapferer-Straße 5, A-6020 Innsbruck

1. Auflage 2022 (22.01)
Verlagsnummer 3507
ISBN 978-3-99121-368-0

Konzept und Bildnachweis

Konzept & Gestaltung: © KOMPASS-Karten GmbH

Text: KOMPASS-Karten AutorInnen (s. Klappe)

Grafische & Kartographische Herstellung:
© KOMPASS-Karten GmbH

Kartengrundlage: © KOMPASS-Karten GmbH
unter Verwendung von OpenStreetMap Contributers
(www.openstreetmap.org)

Titelbild: Die Jakobsinsel im Staffelsee;
© mmphoto - stock.adobe.com

Rückseite Cover: Am Südufer des Walchensees;
© cloudless - stock.adobe.com

Weiterer Bildnachweis:
S.2/3: © Andrew Mayovskyy - stock.adobe.com
S.4/5: © Sebastian - stock.adobe.com
S.8/9; S.10/11: © Drepicter - stock.adobe.com
S.15: © fottoo - stock.adobe.com
S.16: © Halfpoint - stock.adobe.com
S.18; S.83: © swmedia - stock.adobe.com
S.21: © Jenny Sturm - stock.adobe.com
S.22: © Frank Merfort - stock.adobe.com
S.24/25: © AVTG - stock.adobe.com
S.27; S.31; S.33; S.35; S.45; S.47; S.175; S.179; S.195;
S.197; S.201; S.203: Walter Theil
S.39; S.59; S.63; S.67; S.71; S.79; S.87; S.89; S.95; S.99;
S.101; S.103; S.107; S.109; S.111; S.114; S.117; S.119;
S.121; S.127; S.129; S.133: Siegfried Garnweidner
S.43: © rolfo brenner/EyeEm - stock.adobe.com
S.49: © kentauros - stock.adobe.com
S.51: © globetrotter1 - stock.adobe.com
S.53: © Dominik Ultes - stock.adobe.com
S.55: © Matthias - stock.adobe.com
S.57: © KK imaging - stock.adobe.com
S.65: © Alexander Rochau - stock.adobe.com
S.75: Stephanie Wutz
S.91: © Peter Widmann - stock.adobe.com
S.93: © EICHHORN - stock.adobe.com
S.123: © zauberblicke - stock.adobe.com
S.125: © SusaZoom - stock.adobe.com
S.131: © mmphoto - stock.adobe.com
S.135: Christian Schneeweiß
S.137: © Jan Warna - stock.adobe.com
S.139: © Andy Ilmberger - stock.adobe.com
S.143; S.147; S.151: Eugen E. Hüsler
S.149: © Jürgen Fälchle - stock.adobe.com
S.155: © driendl - stock.adobe.com
S.157: © Venelin Todorov - stock.adobe.com
S.159: © mw-luftbild.de - stock.adobe.com

IMPRESSUM

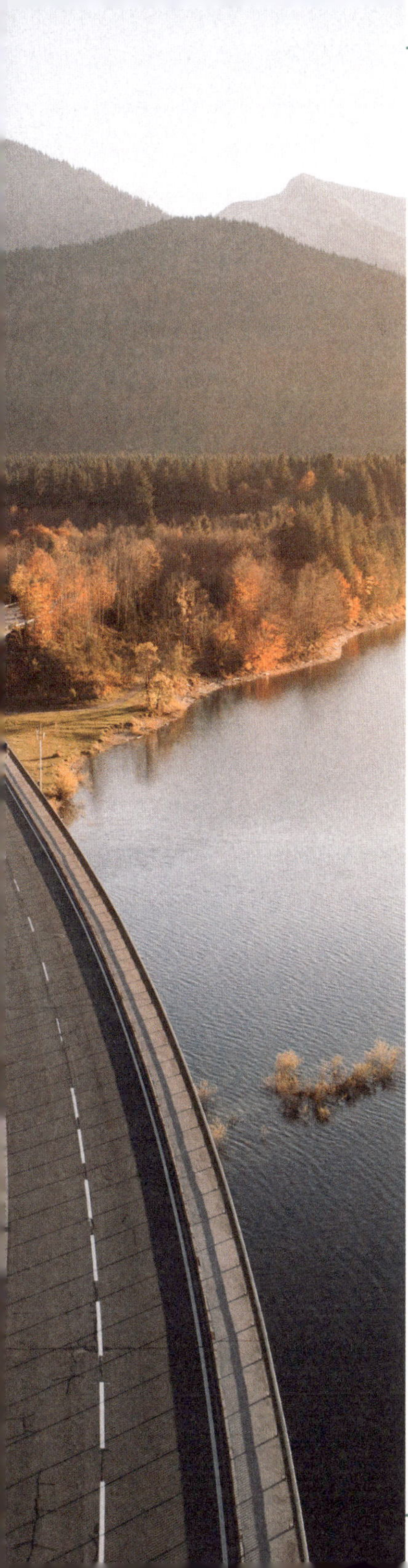

Deine Orientierung

FÜR DAS NAVIGATIONSGERÄT DEINER WAHL HABEN WIR ALLE TOUREN ALS GPX-TRACK ZUM DOWNLOAD.

Du planst und navigierst lieber digital? Dafür haben wir alle Touren auf unserer Webseite für dich.
www.kompass.de/gpx
Damit kommst du direkt zum Download-Bereich. Einfach das richtige Produkt auswählen, herunterladen und auf das Zielgerät oder in die gewünschte App importieren.

KOMPASS KARTEN GMBH
Karl-Kapferer-Straße 5, A-6020 Innsbruck
www.kompass.de/service/kontakt

MIX
Papier aus verantwortungsvollen Quellen
FSC® C018236

#folgedeinemKOMPASS